闇塗怪談
祓エナイ恐怖

営業のK

竹書房
怪談
文庫

目次

※本書に登場する人物名は、様々な事情を考慮してすべて仮名にしてあります。また、作中に登場する体験者の記憶と体験当時の世相を鑑み、極力当時の様相を再現するよう心がけています。現代においては若干耳慣れない言葉・表記が登場する場合がありますが、これらは差別・侮蔑を意図する考えに基づくものではありません。

のと里山海道

石川県には、のと里山海道という自動車専用道路があり、能登方面への基幹道路として活躍している。

元々は能登有料道路といって、その名の通り、有料の自動車専用道路だったのだが、現在では無料になっており、平日には仕事関係の車、そして週末ともなれば観光目的の車でかなりの交通量になる。

制限速度はせいぜい七十〜八十キロなのだが、実際には夜間になるとどの車も平気で百キロ以上の速度で走っており、そのため事故も多い。

俺自身、この道路を走っている際にどう考えても説明の付かない不可思議な出来事に遭遇した経験は幾度となくあるのだが、実際この道路の西山パーキングエリアや別所岳サービスエリアでは、昔から霊の目撃情報が後を絶たない。

そんな里山海道だが別所岳辺りから、終点の穴水辺りまでが特に事故が多い。

しかも追突事故や単独事故、そして正面衝突など事故のパターンは様々で、死傷者が出るような悲惨な事故も多いのだ。

これから書くのはブログの読者さんから寄せられた、とても不可思議な事故の話である。


彼の知り合いの男性が、別所岳の辺りを走っていた時のことである。

天気は生憎《あいにく》の雨模様であり、その男性は不幸にもスリップ事故を起こしてしまう。

完全な単独事故で、他に巻き込まれた車はなかった。

結論から言うと、その男性は亡くなってしまうのだが、亡くなる前に自力で電話をかけ、救急車を呼んでいた。

しかし、救急車が現場に到着し、その男性の様子を確認すると、そこには信じられない光景が広がっていたという。

男性は下半身が完全に潰れてしまっていて、その状態で自力で救急車を呼べたこと自体がまず奇跡だった。

しかも到着時、その男性にはまだ意識があった。とにかくレスキュー隊を呼んで一刻も早く車外へ運び出そうとしたのだが、車のドアが完全に潰れており、まったく開けることができなかった。

結局、車の屋根を切断し、何とか男性を車外に出すことができたが、その時点で男性の死亡が確認された。

不可思議なのは、大量に出血していたにも拘らず、座席にまったくと言っていいほど血が付着していなかった点だ。

救急隊も警官も、これには首を傾げていたという。

実はこの話を聞いて俺には思い出される記憶があった。

それは俺自身が体験した出来事になるのだが、実は里山海道がまだ能登有料道路と呼ばれていた頃から何度も目撃している怪異がある。

それは走っている車の屋根に、貼りつくようにして腹ばいでしがみつく女の姿だ。

服は着ていないが、眺めて嬉しいものではない。

体は濃い灰色をしており、口から長い舌が垂れているのだ。

それ以外は普通の四十代くらいの中年女性に見えた。

最初は見間違いかと思ったが、俺がその女を目撃したのは一度や二度ではない。

俺がひとりで運転している時だけでなく、友人を乗せて走っている時にもその女を目撃したことがあり、同乗していた友人にもその姿がはっきりと見えていたのだから、気のせいや幻ではないだろう。

根拠はない。

そう、決して根拠はないのだが……。

あの長い舌で事故を起こした車のドライバーの血を舐めている。

俺にはなぜか、そんな光景が目に浮かんで仕方がないのである。

おんぶ

彼女は現在四十代、奥能登地方の出身である。

便利な都会とは違う環境で生まれ育ったからか、彼女は家の手伝いもよくし、幼い頃から母を助けて簡単な家事であればこなせるようになっていたそうだ。

彼女が小学三年生の頃、歳の離れた妹が生まれた。

最初は母親が付きっきりで世話をしていたが、首がすわり、離乳食も食べられるようになると、妹の世話役は彼女に回ってきた。

彼女はそれまでひとりっ子だったこともあり、妹の世話をするのは決して嫌ではなかった。

それどころか、生まれて初めてできた妹が可愛くて仕方がなかったという。

どこに行くにも、背中におんぶして出かけていた。

最初は重くて大変だったのだが、しばらくすると慣れてきてしまい、まだ赤ちゃんの妹をおんぶしながら村の中を散歩するのが楽しくも誇らしかった。

そんなある日、彼女がいつものように妹をおぶって散歩していると、同級生数人が一緒に遊ぼうと誘ってきた。

いつもならば簡単に断るのだが、その時は彼女が一番好きな山遊びへの誘いだった。みんなと一緒に山に行きたい。珍しく気持ちが揺れた。

それでも彼女は子守り中だと自分を戒め、後ろ髪を引かれながらも同級生の誘いを断った。

同級生たちと別れ、またひとり妹をおんぶしたままいつもの散歩コースを歩いていく。しばらく黙々と歩いたが、ついにその足が止まってしまった。

やはりみんなと行きたい。山に行きたくて仕方なくなった。

だが、妹をおんぶしたまま山に入るのは危険だ。それは彼女もよく分かっていた。

悩んだ彼女は、まず近くまで行って平坦な場所から山を眺めてみよう、少しでもいいから山の気分を味わおうと思ったという。

山へ向かう道はいつもの広く平坦な道とは違い、畑の脇をすり抜けたりしながら進む。

それだけでもいつもとは勝手が違うから、彼女はできるだけ注意深く、山への道を歩いて行った。

ようやく麓まで来た。自分ひとりならあっという間に着いただろうが、おんぶではやっとという感じだ。そこでぼんやりと山の景色を見ていると、満足するどころか余計に気持ちがもやもやしてきた。

どうしてわたしだけ、赤ちゃんのお守りをしなきゃいけないんだろう？

妹さえ背負っていなければ、友達と一緒に山の奥深くまで遊びに行けたのに。

妹さえ、いなければ……。


彼女の足は無意識に山へと入る細道のほうへ向かっていた。

ふらふらと足が勝手に前に進む。

それは本当に不思議な感覚だったという。

そして、麓から二百メートルほど歩いてきたところで、フッと彼女の背中が軽くなった。


え？

なんで？

驚いて背中を振り返ろうとするが、体がいうことをきかない。首がびくとも動かないのだ。

しかし、どう考えても背中に妹がいる感覚はなかった。
だとしたら、どこかで妹を落としてしまったのか。
彼女はその場に立ち止まったまま、すっかり動転してしまった。

その時だった。
突然、背中に何かが圧し掛かってきたような感覚に襲われた。
赤ん坊の重さではない。
まるで同級生が勢いよく背中に飛び乗ってきたような衝撃と重さであった。

「えっ、誰⁉」

彼女は必死になって背後にいるものに向かって声を掛けるが、反応は何もなかった。

相変わらず首はまったく動かない。

自由がきく肩から下をぐるぐる回し、何とか背後を確認しようとしたが、やはり何も見えない。

そうこうするうちに、背中におぶさった何かは次第に重さを増していった。

最初は堪えていた彼女だったが、やがて膝が崩れ、ついには両手も地面に付けなければ支えられないほどになった。

それでも背中にかかる重さはどんどんと増していく。

いったい何が自分の背に圧し掛かっているのだろう。

尋常じゃない重さとその正体が見えないことが怖かった。だが、その時彼女の心を占めていたのは、意外にも妹のことだった。

恐怖より、妹を心配する気持ちと後悔のほうが圧倒的に勝っていたという。

妹はどこ？　まだ背中にいるの？

私があんなことを思ってしまったから……。

私はどうなってもいい。
いないなら探しにいかないと……。
妹だけは護らないと……。

その一心で懸命で圧し掛かる力に抗っていたが、もはや腕の力も限界である。己の不甲斐なさに涙を流しながら土を握りしめたその時だった。

バチバチバチッ

静電気を大きくしたような音が空気を震わせた。
音は明らかに彼女のすぐ背後から聞こえた。
だが、衝撃から酷い耳鳴りがして、その後は何も聞こえない状態になっていた。
代わりに体の自由が戻っていた。
――妹を探さなきゃ！
彼女は急いで立ち上がると、辺りを見回した。

するとと、自分のすぐ足元の地面が焼け焦げたようになっており、さらに彼女から五メートルほど前方に、一匹の狐が静かな瞳で佇んでいた。

「あ……」

ふいに馴染みのある感覚が戻ってきて、彼女は恐る恐る自分の背を手で探ってみた。

すると、間違いなく妹は彼女におんぶされて、すやすやと眠っていた。

何が起こっているのか、彼女にはまったく理解できなかった。

ただ、妹の体温と規則正しい呼吸のリズムがじわじわと背中に伝わってくる。

確かにそれを感じた瞬間、彼女は逃げるようにその場から走り去ったそうだ。


大人になったいま、彼女はこう思う。

あの時、背中におぶさってきたのは何か悪いモノで、それをあの時の狐が助けてくれたのではないか、と。

「だって狐は、私たちがあの場から離れるまで、じっと見守ってくれていたんです。野生の動物なのに緊張した空気は微塵もなくて、離れていても温かい、抱擁感みたいなものが感じられたんです」

成長して地元を出た後も、実家に帰省した時はいつも山に出向く。

もう一度狐に会ってお礼が言いたいと思っているが、あれ以来、一度も彼女の前に現れてはくれないそうである。

叫ぶモノ

最近、我が家では得体の知れない叫び声が聞こえていた。
最初にその叫び声を聞いたのは日曜日の夜十時頃。
一階のリビングには妻と娘がおり、俺だけが二階の自室で執筆作業に精を出していた。
そんな俺の耳に、奇妙な叫び声が聞こえてきた。

ヒョオォーン、ヘナヘナヘナァ〜！

確かにそう聞こえた。
その叫び声はかなり大きなものであり、俺には階段下の廊下から聞こえたように感じられた。

もしかしたら、母娘で喧嘩でも始めたのか？

ここは仲裁に父親の出番かと、慌てて一階のリビングに下りていくと、妻はテレビを観ており、娘はゲームに熱中していた。

わけが分からなくなった俺は、「いま、変な叫び声が聞こえたけど？」と聞いてみた。

妻と娘は訝しげな顔で、「え？　どこから？　ここからは聞こえなかったけど」と言う。

しかし、俺が「いや、間違いなく階段の下から聞こえてきたんだけどな……」と返すと、今度は「やめてよ、気味の悪いこと言うのは……」と叱られてしまった。


それから俺は何度もその叫び声を聞くようになった。

それは深夜だったり、早朝だったり、昼間だったり。

リビングに妻や娘がいることもあったし、既に寝てしまっている場合もあった。

ただ共通していたのは、その声が聞こえるのは俺だけということと、必ず家族三人が家に揃っている時に限られる、ということだった。

そのたびに俺は木刀を持って階段を下りていき、一階をくまなく調べた。

しかし、不審者どころか怪異さえ見つけられなかった。

それにしても、あの叫び声はいったいどんな意味があるというのか？

笑っているようにも聞こえるし、感情のままの叫びにも聞こえた。


ヒョオォーン、ヘナヘナヘナァ～！


いつもそう聞こえる叫び声。

人間の言葉だとしたら、きっと意味などないのかもしれない。

叫び声が聞こえるだけで実害はまだ起きていなかったから、いつもの俺ならばお得意の「怖いモノは気のせいで済ませる」精神で、そのまま放置しておくのだが、なぜかその叫び声だけは気になって仕方がなかった。

だから、手持ちの音楽用のＭＰ３レコーダーを引っ張り出してきて、階段下に設置した。

そして、昼夜問わずそこで発生する音を録音することに決めた。

そのレコーダーを設置してから二日目の夜、またしてもその叫び声が聞こえてきた。

俺は即座に一階へ下りると、すぐにレコーダーを回収して叫び声を確認することにした。

しかし、結論から言うと何も聞こえなかった。

確かに妻や娘が言うように、小さな声ひとつ録音されてはいない。

どうして二階にいる時にはあれほどはっきりと聞こえた叫び声が、より発信源に近いと思われる一階では聞こえないのか……。

俺は自分の精神がおかしくなったのかもしれないと、急に不安になった。

そこで俺は、駄目元で霊能者のAさんにその音源を聞いてもらうことにした。


翌日、結果を電話してきたAさんに俺はこう聞いた。

「やっぱり何も聞こえなかったよね？　俺、頭がおかしくなっちゃったのかなぁ」と。

すると、Aさんはいつもの冷たい声で、

「まあ、頭が悪いのは分かってますけど、おかしくはないかもしれないですよ。本当に奇妙な声ですよね、なんかこう……魂を削り取られてしまうような」

と返してきた。

「え？　Aさんには、ちゃんと聞こえたんだ！　凄く気味の悪い叫び声だよね？」

やっぱり怪異なのかと聞くと、Aさんはしごく曖昧な声で、

「そうですねえ……怪異かどうかははっきりしませんけど。でも、原因は分かりましたよ。Kさんの家の一階に日本画って置いてありますか？」

と返してきた。

日本画など記憶になかった俺は、

「日本画なんかあったかなぁ。なかったと思うけど……？」

と答える。するとAさんの声はさらに冷たくなって、

「ああー、ほんとに面倒くさいですね！　あるって言ったら、あるんですよ。いいですか。日本画。ちゃんと探してみてください。それで見つけたらすぐにそれを富山の住職の所にでも持っていって安置してもらってください。そうすれば収まると思いますよ、その声」

「うーん、日本画……日本画……あったかなぁ」

まだ日本画のほうに囚われている俺に、Aさんがすっと息を潜めて言った。

「それと……Kさんには聞こえていない声も私には聞こえました。はっきり言えば危険な状態です。手遅れになる前に早く行動したほうが良いですよ。まぁ、私の知ったことではありませんけどね」

そう捨てゼリフを残して電話は切れた。

俺は一瞬思考がストップしたあと、真っ青になって言われた日本画を探し出した。

別に大豪邸でもないので、一階と言えば探すところは限られている。

箪笥の抽斗《ひきだし》と、記憶の抽斗とあちこち引っ張り出しながら、ようやく俺はひとつ思い出した。

いまの家を新築した際に、仕事先のお客さんから安値で購入した日本画があったではないか。妻がその日本画を見て「怖い」と言ったので、そのまま和室の押し入れにしまい込んだままになっていた。

俺自身ですら忘れていた日本画を、Aさんは怪異の根源なのだと一発で見抜いた。

俺は急いでその日本画を富山の住職の元に持っていき、日本酒一瓶と交換でお寺に安置してもらうことにした。

その後、調べたところによると、俺に日本画を安価で譲ってくれた方は既に他界していた。詳しいことは何ひとつ聞けないままだったが、どうやら引き受けてくれた住職の寺では、いまでもあの奇妙な叫び声が時折聞こえているということだ。

ザクロのような……

彼は以前、大型バイクに乗って日本中を旅するのが趣味だった。

五十代になったいまはバイク乗りを卒業しているが、遺伝とでも言うべきか、彼のひとり息子は彼そっくりの道を辿った。

免許が取得できる年齢になるとまっさきにバイクの免許を取り、原付から始めて少しずつステップアップし、彼が以前乗っていたのと同じようなスポーツネイキッドの大型バイクに乗るようになった。

父親の彼としても、息子が自分と同じ趣味を持ってくれるのは嬉しかったが、三十代後半でやっとできたひとり息子であったから、どうしも心配が先に立つ。

幸い、父親と違って遠くまでツーリングに行くタイプではなかったらしく、もっぱら友人たちと市内の道を走りに行く程度だったという。

それでも、息子から「新しいバイクが欲しい」と言われると、ついついヘソクリを工面して買ってあげてしまう親バカぶりで、相当甘やかしてはいたらしい。


ある夜、彼は悪夢にうなされ、ハッと目を覚ました。

とても恐ろしい夢を見ていた。

体中にべっとりと嫌な汗をかいていて、しばらくは呼吸も整わないほどであった。

夢の内容は鮮明に覚えている。

彼は一心不乱にザクロを枝からもいでいた。そして、もいだザクロをひとしきり地面の上に置いたところで、誰かがそのザクロを踏みつけた。

ザクロは彼の目の前でぱっくりと引き裂かれ、中にある真っ赤なつぶつぶが露出した。

すると、その誰かが地面に覆いかぶさるようにしてそのザクロの中身をペチャペチャと食べ始める。

そこで初めて彼は気付くのだ。

その「誰か」というのが見たこともない異形の姿をしていることに。

バケモノは全身が真っ白で、腕がとても長い。

恐怖のあまり動けなくなっていると、そのバケモノが彼のほうへとゆっくりと顔を向けた。

その顔には目もなく、鼻もなく。

顔自体がザクロのようにぱっくりと割れていた。

毒々しい赤に染まったその顔を見た瞬間、彼は夢から目覚めたのだ。


結局、そこから一睡もできなかった。

夢の意味も不明だったし、どうして自分がそんな夢を見てしまったのか見当も付かない。

ただ、それから一週間。彼は毎晩同じ夢を見ることになった。

そのたびに全身嫌な汗をかき、恐怖に震えながら目を覚ます。

これだけ同じ夢を見るということは、何かの啓示のような気がするが、それが何を暗示しているのかが分からない。

そもそも彼はザクロなど食べたことがなかったし、途方に暮れるばかりだ。

そして七回目の夢を見た翌日。

その日は日曜日だった。

悪夢のせいで寝不足の続いていた彼は、昼間ソファでうつらうつらしていた。

そこに、突然警察から電話がかかってきた。

息子さんがバイク事故で亡くなったという知らせだった。

彼は奥さんと一緒に急いで警察に向かった。

どうか人違いであってくれと、一縷の望みに縋るようにそう願い続けていたが、警察に到着し、その場に置かれていた事故車両を見た瞬間，彼はそのバイクが息子さんのバイクだと悟った。

がっくりとうなだれたまま警察署の中へと案内され、彼は息子さんの遺体と対面した。

被せられていた大きなビニールを外すと、息子さんが眠るように横たわっていた。

体は比較的綺麗な状態で、本当に事故にあったのかと疑ってしまうほどだ。しかし、その顔を見た瞬間、彼はその場でがっくりと膝をついてうなだれるしかなかった。

息子さんの顔はぱっくりと割れており、それが誰なのかすら判別できない状態だった。

横にいた警察関係者が呟く。

「せめて、ヘルメットの紐さえしっかりと掛けてくれていたら……。少なくとも命は助かったと思います」

警察の話によると、息子さんは友人たちと広い場所でバイクに乗って遊んでいたという。一緒にいた友人の証言では、相当なスピードが出た状態でバランスを崩し、そのまま鉄柱にぶつかったとのこと。

バイクの前面部分は大きくひしゃげており、その衝撃の強さを物語っていた。

息子さんはヘルメットが脱げた状態で、そのまま鉄柱に真正面からぶつかってしまった。そのため、息子さんの顔と頭はザクロのようにぱっくりと割れてしまい、完全に中身がはみ出している状態だった。


それからしばらくして、彼はあの夢の暗示していたものが息子さんの事故だとようやく理解できたという。

日頃から息子さんには、ヘルメットのあご紐だけはしっかりと留めるようにと言っていたらしいが、どうやら息子さんは彼のアドバイスをきちんと聞いていなかったらしい。

もしかしたら、息子を救えたかもしれない――。

そう思うと、彼はどうしようもない罪悪感と絶望感に駆られてしまい、いまでも眠れない日々が続いているという。

死因

彼は以前、趣味としてヨットを楽しんでいた。

趣味といっても競技会に出たり、かなり遠方まで出かけたりと、その腕前は相当なものだったという。

そして、ヨットに乗る際にはいつも一緒に行動する友人がひとりいた。

その友人もかなりの腕前だったらしく、彼らは常に互いを信頼し合いながらともにヨットに乗っていた。


ヨットというのは自然との戦いなんですよ。

次々と変わっていく風向きや風の強さに即座に対応しないと大変なことになってしまう。

その代わり、風にうまく乗れた時の爽快感は言葉では言い表せないほどの気持ち良さなんです……。


彼はそう言って日に焼けた顔で瞳を輝かせていた。

しかし、数年後、彼は突然ヨットを辞めてしまった。

ヨットでの事故が原因だったという。

出発前、それほど悪天候になる予報ではなかったはずなのに、沖に出た途端状況が一変した。

沖合いでヨットは転覆し、海に投げ出された彼らは、そのまま大きな波に翻弄されながら漂うしかなかった。

お互いがどこにいるのかすら分からず、彼は必死に友人の名前を呼び続けた。

だが、聞こえるのは波と風の音ばかり。

その後、彼は港に帰る途中の漁船に発見され、奇跡的に救助された。

しかし、一緒に海に投げ出された友人はその後の捜索でもとうとう発見されることはなかった。

彼も公的な捜索が終了してからも私財を投げうって友人を探し続けた。

しかし、どれだけ探しても友人が発見されることはなかった。

諦めきれない彼は、自分がヨットで海に出る際は必ずあの日の事故現場を通るようにしていたそうだ。

しかし、その地点を通るたびに天候が悪化し、説明のつかぬ急変に見舞われることが多いことに気付いた。

そしてついに、彼は決定的なものを見てしまう。

それは、海から突き出た黒い頭のようなものだった。

だが、人間の頭と仮定するにはあまりにも大きい。

(海坊主、なのか……?)

ふとそんな言葉が頭をよぎったという。

彼はそれを見たのを最後に、ヨットを降りた。

詳しいことは何も教えてくれなかったが、彼は明らかに何かに怯えていた。

その怯え方は尋常ではなく、ヨットを辞めてからは決して海に近づこうとしなくなったほどだ。

海に行こうという誘いは当然のこと、目的地の側に海があるのが分かっただけで、行くことを拒絶した。

それはプライベートだけでなく、仕事にも及んだ。たとえ出張であっても、海の側を通ることを徹底的に忌避し、クビになるのも覚悟で断っていた。その徹底ぶりは相当なもので、以前の彼を知っている者は皆、首を傾げてしまうほどだったという。


奇妙なのは、そんな彼の鞄の中に、いつも救命胴衣がしっかりと入っていたことだ。


ある日、病的なほど痩せている彼を偶然町で見かけた。

彼は酷い睡眠不足の顔で、毎日海で溺れる夢を見るのだと打ち明けた。

「俺はもうすぐ、溺れて死んでしまうのかもしれないな……」

そう言って顔を引きつらせる彼に、困惑した。

「バカだな……どうして海に近づこうともしない奴が溺れて死ぬんだよ。気にしないほうが良いぞ?」

そう言って慰めたが、彼はまるで死を覚悟しているような悲痛な顔をしていた。

きっと、彼はまだ友人を事故で亡くしたことに囚われているのだろう。

そう思っていた。

しかし、彼はそれから数か月後、本当に死んでしまった。

心の病を疑われ病院に入院していた彼は、朝になって様子を見に来た看護師によって死亡しているのが発見された。

ベッドの上に寝た状態で見つかった彼だったが、意外にも彼の死因は溺死だった。

彼の胃や臓器は大量の海水で満たされており、顔や髪も海水でべったりと濡れていた。

理由を説明できなかったが、その死因は溺死としか判定できなかったという。


彼が何に怯え続け、どんな経緯で溺死したのかは分からない。

ただ、彼が死亡しているのが発見されたのは、あの日のヨット事故からちょうど一年後の日だったそうだ。

溺死

彼女の夫はとても正義感の強い人だった。

そして困っている人がいれば助けずにはいられない、そんな性格だったという。

しかしそんな正義感の強い性格によって、その悲劇は起こってしまったのかもしれない。


夫はその日、休日の日課であるサイクリングに出かけた。

いつも仕事や通勤で車ばかり乗っているため、体力づくりの一環として、日曜日の昼間は自転車で色んな場所を回ることにしたのである。

最初は高校時代以来の自転車ということもあり、なかなかうまく乗れず、体力的にもかなり辛かったというが、最近はサイクリングに行くのが楽しみで仕方がないほどになっていた。

車に乗っていると見えなかった景色や発見があり、それが何よりも新鮮だった。彼はそうした小さな発見を心から楽しんでいた。

そしてサイクリングから戻ると、その日見た景色を妻である彼女に熱っぽく語ってくれたという。

近頃は、そろそろお前も自転車を買って、一緒にサイクリングに行こうよと誘ってくるほどだ。

ある日曜日の昼間、サイクリングに出ている夫から、電話がかかってきた。

夫はかなり慌てた声で、

「サイクリング中に川で溺れている子供を見つけた！　いまから助けに行く！」

それだけ言って電話を切ってしまったという。

彼女は少し心配ではあったが、夫が以前水泳の選手だったことと、体力的にもサイクリングで鍛えていたから、大丈夫だろうと信じていた。溺れた子供が助かればいいな、とそちらのほうを案じていた。

しかし、それからしばらくして警察から電話が入った。

夫が川で溺れて亡くなったという知らせだった。

彼女は現実を受け止められないまま、警察に教わった病院へとタクシーで向かった。

案内された霊安室には溺死した夫が横たわっていた。

どれだけ呼び掛けても、体を揺すっても、ピクリとも動かない。

そんな夫の姿を見て、彼女は初めて現実を直視し、その場で泣き崩れたという。

そして、彼女が少し落ち着いた頃、警察は申し訳なさそうに彼女にこんなことを訊いてきた。

ご主人に……自殺する動機はありませんでしたか、と。

その言葉を聞いた彼女は、夫の名誉のため、必死になって否定した。

「夫は自殺なんかする人じゃありません！　それに電話がかかってきたんです！　溺れている子供を見つけたから、いまから助けに行くって……。はっきりとそう言いました。だから夫は、子供を助けるために川に入っていったんです！　絶対に自殺なんかじゃありませんから！」

彼女は泣きながら力説したが、そんな彼女の言葉を聞いても、警察の対応は明らかにそれを信じていない様子だったという。

だから彼女は続けざまにこう訊いた。

夫が助けようとした子供さんはどうなったんでしょうか、と。

しかし、警察は口籠もったまま、はっきりとそれには答えなかった。

それでもしつこく訊くと、言いにくそうに口を開いた。

「実は……目撃者がいるんです……。ご主人がひとりで川に入っていくのを見た、という方が。残念ですが、川で子供が溺れていたという目撃情報はありません。ですから……お気持ちは分かりますが、やはりご主人は自殺だったとしか考えらないんです」

しかし、それでも彼女は夫が自殺したなど信じられなかった。

だから、さらに食い下がるように言ったそうだ。

「それなら……目撃者がいるというんでしたら、その人に直接お話を聞くことはできませんか？」

すると、警察は困り顔でこう返してきた。

「確かに目撃者はいるんですが、かなり精神的に疲弊されていて……。その方は趣味で写真撮影をされているらしいのですが、ちょうどその時も川辺の写真を撮影していたらしくてですね、それで溺れているご主人を見つけて……。すぐに撮影を止めて川の中へ助けに行こうと思ったんだそうです。でも、助けに行くことはできなくて……代わりにカメラでその様子を何枚も撮影していらっしゃったんです」

それを聞いて彼女は激昂した。

「どうして、その人は溺れている夫を見て、助けに行ってくれなかったんですか？　カメラなんかで撮影している暇があったら、助けに行くのが普通ですよね⁉　それを……助ける代わりに撮影していただなんて、そんな酷いことがありますか？　考えられません！」

すると、警察はポツリとこう言った。

「……怖かったんだそうです。怖くて近づけなかった、と……」

「怖い？　水が怖いってことですか？　つまりその人は泳げなかったということですか？」

だが、警察は首を横に振ってそれを否定した。

「いえ、そういうことじゃないんです。本当は見せたくないんですが……。我々もそんなモノを信じているわけではありませんし。でも、目撃者の名誉を守るためでもありますので」

そう言いながら目撃者が撮影したという写真を彼女に見せてくれたという。

そこには、川の中にいる夫の背に覆いかぶさるように乗っている子供の姿がはっきりと写っていた。

その子供は体格のいい夫よりもかなり大きいが、間違いなく子供であった。ゆえにとても歪な構図の写真に見えたという。

子供は夫の上に乗り、まるで川遊びでも楽しんでいるかのように嬉しそうに笑っていた。

その不気味で無邪気な顔を見た途端、彼女はこれが見てはいけない部類のモノなのだと確信し、口を閉ざすしかなかったということである。

水道の水

彼女が最初に異変に気付いたのはシャワーを浴びている時だった。

いつも仕事から帰るとすぐにシャワーを浴びる。

一緒に住んでいる家族からはちゃんと湯船に浸かるように言われていたが、シャワーのほうが手軽で気分もさっぱりする。

だから彼女にとってシャワータイムは、とても大切な楽しみだった。

しかし、その夜シャワーを浴びていた彼女はそれまで感じたことのない違和感を覚えた。

ほんの少しだけ口に入ったシャワーの湯が、少し生臭く感じたのだという。

その時は気のせいだと思いそのままシャワーを浴び続けたが、その翌日にはさらに生臭さが強くなっているように感じた。

「ねえ、シャワーのお湯、変じゃない？」

シャワーの後、彼女は家族にそれを訴えてみたが、どうやら彼女以外の家族は誰もそんな異変を感じてはいないようだった。

そこで彼女は、もしかして……と思い、水道の水を飲んでみた。

だが、キッチンの水道水からは特に生臭い味はしなかった。

やはり、シャワーだ。

そこで彼女は風呂場のシャワーヘッドを家族に頼んで調べてもらった。

もしかしたらシャワーヘッドの中に何か生き物の死体が詰まっているのではないか？

そんなふうに考えたのだという。

しかし、父親がシャワーヘッドを外して中を見てもどこにも異物が挟まっている様子はなく、それでも気にする彼女のために、結局シャワーヘッドを新品に交換することで落ち着いたという。

だが、残念ながらシャワーヘッドを交換しても問題は解決しなかった。

彼女だけは、相変わらずシャワー中に生臭い味を感じてしまう。
そしてそれは、以前は感じなかった水道水のほうからも感じるようになっていった。
ただやはり、家族は誰ひとりとして水道水に違和感は抱いていない。

もしかすると、自分は味覚障害なのではないか？
そう思った彼女は、病院で診察を受けてみた。
しかしそこでも異常は見つからず、彼女は悶々としたまま生活を続けた。
大好きだったシャワータイムも楽しめなくなり、気分が塞ぎ込むことが多くなった。
それでも原因が分からない以上、いつか違和感が消えること願って生活するしかない。

結局、違和感は消えるどころか、エスカレートしていった。
それまでは「生臭い」と感じていた水の味が、次第に「酸っぱい」と感じるように。
「酸っぱい」は、最終的には「線香のような」味へと変わっていった。
シャワーを浴びても、お茶を飲んでも、口の中には嫌な線香臭さが残った。
水やお茶だけでなく、あらゆる飲み物と食事に臭いは混じり、どんなに素敵なレストランやお洒落なカフェで食事をしても、彼女が感じられるのは線香のような匂いの味だけになっていった。

自分がこれだけ強烈に感じている匂いが、どうして友達や家族には分かってもらえないのだろうか？

そのことで彼女はかなりのストレスを抱え込むようになっていった。


しかし、その頃から家族のほうにも、彼女に言えない秘密を抱えていた。

それは彼女が帰宅すると、強い線香の匂いがするようになった、ということだ。

彼女が仕事に行っている間にはまったくそんな匂いはしないのだが、彼女が帰宅すると途端に強烈な線香の匂いが家中に充満してしまう。

だが、彼女が訴えるのは自身の味覚のことだけで、彼女自身が自分の匂いに気付いている様子はなかった。


そんなある日、なかなか起きてこない娘を起こしに行った母親が、自室で亡くなっている彼女を発見した。

部屋の中には異様なほど濃い線香の匂いが充満し、つい今しがたまで線香を焚いていたかのように部屋の中が白く煙っていたという。

警察の検証の結果、彼女の死因は心不全だったそうだが、なぜかかなり腐敗が進んでおり、死亡推定日は一か月ほど前。

つまり彼女がシャワーのお湯の味に違和感を感じだした頃だった。

彼女が自分の死に気付かずに生活していたのか?

それともその匂いが彼女の腐敗を速めたのか、いまとなっては検証の仕様がない。

仏壇に線香だけはあげたくないのだという彼女の母親から聞いた話である。

心霊写真

心霊写真を信じるかと訊かれれば、俺は即座に「勿論」と即答する。

確かに心霊写真の中には故意に加工した写真も含め、偽物や偶然の産物が多数存在することは否定しない。

特に写真がデジカメによる画像へと移り変わり、その中で画像編集技術が飛躍的に進歩した現在では、偽物か本物かの判断は素人には難しい。

しかし、この世の中にはそうした作り物とは明らかに違う本物、それも危険極まりない心霊写真が確かに存在している。

以前にも心霊写真の話は幾つか書いているのだが、俺が中学時代に撮影した美術室の写真は、見るたびに顔が増えていっており、処理のために持ち込んだ神社仏閣からも拒絶され、いまでは厳重に封印して我が家で保管されている。

もうひとつ、カメラマンだった従兄弟が偶然撮ってしまった心霊写真はさらに恐ろしく、そこに映り込んだ女の霊によって、従兄弟の家族は叔母を除いて全員がこの世を去ってしまった。

そんな中で俺が学んだことは、危険な心霊写真というのは写真が呪われているのではなく、悪霊そのものが写真の中に棲みついてしまうのではないか、ということである。

そう、実際に俺が体験してきた怪異や聞かせてもらった話から判断すると、そうでなければ説明の付かないことがあまりにも多すぎる。

そして、これから書く話に出てくる写真も、きっとそこに悪霊自体が棲みついてしまったとしか考えられないのだ。


この話を初めて聞いたのはいまから五年ほど前のことになる。

話してくれたのは、偶然連れて行かれた片町の、とあるラウンジのママさんだった。

こいつね、怖い話をブログに書いているんですよ、と紹介された俺に、ママさんは接客そっちのけでそれ系の相談をしてきた。

それは、偶然ママさんが撮影してしまった心霊写真と思しき画像についての相談だった。

ママさんは真剣な表情で細かく写真の内容を説明してきた。

現在ママさんは夫と離婚し、シングルマザーとしてひとり息子を育てているのだという。問題の写真は母子が暮らすマンションのベランダで何気なく撮影したもので、その写真にどういうわけか、不可思議なものが写り込んでしまったのだと教えてくれた。

一通り話を聞き終えた後、俺はこれまでの経験から、冷静にママさんにアドバイスをした。

世の中にある心霊写真のほとんどは、偶然の悪戯が作り出した単なる思い込みのことが多いのだ、と。

それでも納得しないママさんは、それなら今度画像を持ってくるから、現物をその目でしっかりと見て判断してほしい、と食い下がる。

「そんなにおっしゃるんでしたら、はい、分かりました……」

俺はその時、二度とその店に来ることはないだろうと思っていたので、適当にそう答えたのを覚えている。

しかし、俺はその店に入ってすぐ、接客に来た女性にうっかり自分の名刺を渡していたことを忘れていた。


それから二日経った頃、知らない番号からの着信があった。

普通の人ならば知らない番号から掛かってきた電話になど出ないのかもしれない。

だが、悲しいかな営業マンの性《さが》で、掛かってきた電話には反射で応じてしまった。

最初は誰なのかまったく思い出せなかったのだが、しばらく話しているうちに先日寄ったラウンジのママさんであることを思い出した。

「え？　なんで電話番号を知ってるんですか？」

そんな俺の間抜けな問いかけには答えず、ママさんはすぐに彼女の本題を切り出した。

「あの……お忙しいところ申し訳ありませんが、あの時に話していた写真、見てもらえませんか？　持っているだけでも不安で……」

俺は新手の客引きなのかと疑いながら、

「昼間なら大丈夫ですよ。どこかの喫茶店かファミレスでなら……」

と返した。

ママさんは余程急いでいるのか、すぐに俺が指定したファミレスに向かうと言ってきた。

仕方なく俺も自分が指定したファミレスへ向かう。

まさか本当に来るとは思わなかったので、よく考えもせず適当なファミレスを指定してしまった。お陰で、店に到着するなり店内の混みように辟易した。

そうこうするうちに、いったいどこから飛んできたのか、息を切らしたママさんに背後から声を掛けられた。

適当に挨拶を終えると、相変わらず満員の店内を見渡し肩をすくめた。

「どうしますか？　かなり混んでるから待たなきゃ座れないと思いますけど……」

ママさんは、

「写真を見ていただきたいだけですから、良かったら私の車の中で話しませんか？」

そう言って俺を自分の車の所まで連れて行った。

果たして車はドイツ製の高級車だった。

やはり水商売というのはかなり儲かるのだろうか？　そんなことを考えながら、俺は言われるがまま高級車の助手席にお邪魔した。

ママさんも運転席に乗り込むと、さっそく自分のバッグの中から一枚の封筒を取り出して俺に渡した。

「これなんです」

その顔はかなり深刻な面持ちだった。

偶然撮れた写真が本物の心霊写真の確率はかなり低い。

しかも、自宅マンションのベランダで写したというのだから尚更だった。

（まあ、適当に写真を見て、笑いながら「これは心霊写真ではありませんよ」、そう言ってやればママさんもきっと安心するだろう……）

そんなふうに考えながら、俺は封筒の中に入っている写真を取り出して手に取った。

そして、拡大用の眼鏡をかけてからまじまじと写真に見入った。


えっ？


思わず声が出そうになるのを何とか堪えた。

渡された写真から、本物の心霊写真だけが与えてくる息苦しさと気持ち悪さを感じてしまったのだ。

しかも、どこか写真自体もしっとりと湿っているように感じる。

距離にして五十メートル以上離れた場所にある隣の棟。

写真のピントは当然男の子に合っており、背後のマンションはうっすらボケている状態。

だが、その屋上に彼女の息子さんと同じくらいの年齢の女児が写り込んでいる。

ここまで書くと特に不自然な部分はないように思われるかもしれないが、問題はその女の子の写り方だ。まるで、屋上から飛び降りた瞬間のように宙に浮いていた。

そして背後のマンションはピンボケしているのに、同じ距離にいるはずのその女の子はなぜかしっかりとピントが合っている。

しかも、女の子は自分が写真に写り込むのを知っていたかのように、まっすぐにカメラのほうを凝視していた。

首から下とはアンバランスなほど大きく肥大した顔で……。


実はその時、俺は背中に冷たい汗をべったりと掻いていた。

心臓の鼓動は速くなり、息苦しさを感じるほどだった。

俺はまっすぐにママさんの顔を見て、尋ねた。

「これっていつ頃撮影されたんですか？　この写真を撮ってからママさんや息子さんに何

かおかしなことは起きていませんか？」

ママさんは慎重に過去を振り返りながら、「はい、いまのところは大丈夫です」と頷いた。

しかし、やはり俺の言葉が気になったのか、恐る恐る確かめてきた。

「あの、それで……これってやっぱり、本物なんですか？」

俺は苦い顔で首を縦に振った。

「はい。残念ですけど、たぶん……かなりの確率で本物だと思います」

それにしても、本当に気持ちの悪い写真だった。

いまは平気だというが、この先、何か悪いことが起こる気がしてならない……そんな写真だった。

俺はひとまず、ママさんに思いつく限りのアドバイスをした。

「念のため、これからこの写真を定期的に確認するようにしてください。何か変化がないか確認して、もしも何か変化があればまた俺に連絡してください。あっ、それともしも可能ならばいまお住まいのマンション全体で、過去に女の子が飛び降り自殺した事実があるかも調べておいてくれると助かります」

そう言い残して俺は車を降り、その場から立ち去った。

正直なところ、あまり関わり合いになりたくない写真だった。

冒頭でも、心霊写真絡みで過去に体験した厭な事例を書いたが、まさにその時の感覚に匹敵するほどの気味の悪さを感じ取っていた。

だから内心では、写真に変化が起こらずそのまま何事もなく過ぎ去ってくれることを祈っていた。

しかし、そんな俺の願いは早々にうち砕かれる。

その日から一週間も経たないうち、ママさんから連絡が入った。

写真に変化が見られたのだという。

仕方なく待ち合わせ場所へ向かい、例の写真を見せてもらった瞬間、俺は絶句した。

女の子は前回見た時と同じように宙に浮かんでいる。

だが、その距離は男の子が立っているベランダから二十メートルほどの距離にまで近づいていたのである。

もはや女の子が着ている服の模様がはっきりと分かるほどだ。

俺は思わずこう尋ねた。

「あの……これって前回見せてもらった写真と同じものなんですよね？」

するとママさんは泣きそうな顔で頷いて言う。

「私、マンションの過去の自殺についても調べてみたんです。でも、過去に起こっているのは中年男性の部屋での首吊り自殺だけでした。だからあのマンションでは飛び降り自殺は一度も起きてはいないんです。これってどういうことなんでしょうか……」

残念ながら、俺はその問いかけに対する答えを持ち合わせていなかった。

ただ、かなりマズいことになったのは間違いなかった。

そのマンションで過去に飛び降り自殺した女の子の霊が写り込んだのではないとすれば、マンション自体のお祓いなどしてもほとんど意味はないだろう。すぐに打つ手が思い浮かばない。

「あの、これからは写真に変化があったら、とりあえずその写真をスマホで撮影して送ってもらえませんか？　私も一応、仕事が忙しいもので……」

自分でも情けないほどの逃げの言葉だった。

正直、これ以上は関わりたくないという本音。恐怖心から出た言葉だった。

「分かりました」

ママさんは丁寧にお辞儀をして、彼女も夕方からの仕事の準備へと向かっていった。

それからもママさんからは頻繁に写メが送られてきた。

その画像を見るたびに、俺は得体の知れない恐怖に圧し潰されそうになった。

男の子の背後二十メートルくらいの場所に浮かんでいた女の子は徐々に近づいてきて、ついにはベランダ越しに男の子を見つめる距離まで近づいていた。

そして、女の子がベランダの柵を越え、男の子の肩越しまで近づいた時。

男の子の顔が不自然に歪みだした。

まるで、強い力で捻じ曲げられたような顔になってしまったのだ。

その時点で俺は、ママさんに連絡を取った。

息子さんに何か異変が起きていないかを確認するために。

しかし、ママさんの話では息子さんは特に問題なく、元気に暮らしているとのこと。

それを聞いて、俺はもしかしたらこれは悪戯好きな霊のお遊びなのかもしれないなと、少しだけ安堵したのを憶えている。いや、無理やりにでもそう思おうとしたというのが正解かもしれない。

なぜなら、俺の心の底では依然として赤信号が不気味に灯っていたから。だからこそ、俺はその画像を知り合いの霊能者のAさんに見てもらうことにしたのだ。

何とか確証のある安心を得るために……。

だが、実際にその画像を見せてみると、Aさんは露骨に嫌な顔をして首を振った。

「Kさん、これには関わってはいけません。本当に危険な悪霊です。特にこの画像を撮影した人とは、今後一切連絡を取らないようにしてください。そうしないとKさん……あなた、死にますよ」

その言葉に俺は無言で掌を汗に濡らした。


それから数日後、またママさんから一枚の写メが送られてきた。

そこにはもう男の子もベランダも写ってはおらず、ただ不気味な顔が画像いっぱいにアップで写っているだけだった。

それを最後にママさんから新たな写メが送られてくることはなくなった。

Aさんにああは言われたものの、一度は関わってしまった件だ。このまま放置しておくのも躊躇《ため》われ、俺は自らママさんに電話をした。

しかし、何度電話しても繫がらない。

やがて完全な音信不通になってしまった。


ひと月ほど過ぎた頃、俺は飲み仲間からあの店のママさんが亡くなったと聞かされた。

まだ四十歳にもなっていなかったのに、突然の心不全で亡くなってしまったという。

その後、彼女の息子さんがどうなったのかは分からない。

しかし、あれほど連絡が取れなかったママさんの電話番号から、彼女が亡くなったと聞いた後に、何度も着信があったのは心底恐ろしかった。

勿論、電話に出ることはなく、その後すぐにママさんの電話番号、メッセージ、着信履歴に至るまですべてを消去した。

やはり、撮影者を死に追いやるほど危険な心霊写真というのは実在する。その中に悪霊が棲んでしまうような禍々しいものが。

しかもそれは日常の中、ほんの偶然のタイミングで撮れてしまうものにこそ潜んでいるのかもしれない。

そう思うと俺はもう、スマホの写メですら安易には撮れなくなってしまうのだった。

使ってはいけないお金

彼女には疎遠になっている祖母がいた。

小さい頃はよく家族と泊まりに行ったのだが、祖父が死んでからというもの、祖母の様子がおかしくなり、それ以来祖母の家には近寄らなくなってしまった。

まるで人が変わったように攻撃的な性格になってしまったのだという。

だから、彼女の家族だけではなく、他の親戚や従姉妹たちも皆、祖母からは距離を置いていた。

彼女の家から祖母の家までは車で二十分程度の距離で、仕事で近くを通ることもたびたびあった。そうした時にちらりと、祖母はいまどうしているのだろうとは思うのだが、そこから踏み込んで祖母の家に立ち寄ってみようとまでは思わなかった。それくらい祖父が死んでからの祖母は恐ろしく、敬遠すべき存在と化していた。

だから祖母の体調が悪化し、病院に搬送されたと聞いた時も何の感情も湧いてこなかった。

それでも危篤状態の知らせが入るとさすがに病院へ行かないわけにもいかず、彼女は仕事が終わってから家族と一緒に病院へと向かった。


病院に着くと祖母は既に亡くなっていた。

そして、最期を看取った叔父から孫全員が呼び集められた。

「これは、祖母さんからだ。孫全員に渡してくれと言われててな。短い手紙も入ってるみたいだから、ちゃんと読んでくれよ?」

そう説明された後、ひとりひとりに封筒が手渡された。

その後、祖母の死に顔を見せられたのだが、その顔は禍々しいほどの恨みと怒りがこもっており、とても正視できるものではなかったという。


自宅に帰ってから、彼女はさっそく貰った封筒を開けてみた。

手紙が入っていると言っていたが、いったい何が書かれているのか？

あの恐ろしい死に顔を見てしまったせいか、それが一番気になっていた。

すると、封筒の中には現金十万円と一枚の紙きれが入れられていた。

そして、その紙きれには一言。


「このお金は使わないこと」


とだけ書かれていた。

(何これ……手紙ってこれのこと？)

まったく意味が分からなかった彼女は、仲の良い従姉妹に電話して聞いてみた。

聞けば、従姉妹が貰ったものもまったく彼女と同じだった。

従姉妹は彼女こんなアドバイスをした。

「あんたもあのお祖母ちゃんの死に顔見たでしょ？　凄く怒ってる顔だった。だから、あの十万円は使わないほうが良いと思うよ」

これには勿論、彼女も同意見だったから、お互いにその十万円には手を付けないことを約束して電話を切った。

その後、無事に祖母の葬儀が執り行われたが、そこでも特に変わったことは起こらなかった。

しかし、それからしばらくして彼女の周りで怪異が起こり始める。

最初は家の中にうっすらとしたお線香の匂いを感じるようになった。

そして、夜寝ていると家の中を何かが徘徊しているような足音が聞こえだす。

不思議なことに、その足音が聞こえるのは家族の中で彼女だけだった。

だから彼女も気のせいだと自分に言い聞かせ、できるだけ気にしないようにした。

また、朝になるとなぜか台所の水道が出っ放しになっていたり、居間の天井に激しく引っ掻いたような痕が残されていることもあった。

不気味なのは、引っ掻き傷が付いていた天井が、二階にある彼女の部屋のちょうど真下の位置であったこと。

これにはさすがの彼女も不穏なものを感じたが、さりとてどうすることもできなかった。

そんなある朝、彼女が可愛がっていた愛犬が死んでいるのが見つかった。

夜寝る時にはいつも彼女の布団に潜り込んできて、一緒に寝ていた愛犬だ。

その愛犬が家の庭で死んでいたのだ。それも尋常ではない姿で……。

見つかった時、犬の体は二つに引きちぎられたような状態で、下半身だけが地面に埋まっていたそうだ。

さすがにこれは警察に通報したが、結局犯人は分からずじまいだった。


この頃には、彼女の脳裏にはもしかして祖母がやったのでは……という疑念がありありと浮かんでいたという。

どう考えても、怪異は生きている人間の仕業とは思えない。

それまで彼女は、霊の存在など信じていなかったが、あの怒りと憎しみに満ちた死に顔を思い出すにつけ、そうとしか思えなくなってきた。

ちょうどその頃、彼女に訃報が届いた。

一生、あの十万円には手を付けないでおこうと約束した、仲の良い従姉妹の死を知らせる電話だった。

朝、布団の中で死んでいた従姉妹は、何かに怯えた恐怖の表情のまま、大きく目を開いて死んでいたという。

彼女はすぐに従姉妹の家に向かった。

突然の愛娘の死に憔悴する伯父伯母を助け、彼女は精力的に葬儀を手伝った。

何か体を動かしていないと気がおかしくなってしまうほど、恐怖を感じていたからだ。

ただ、その際に彼女は衝撃的な事実を知ってしまった。

どうやら亡くなった従姉妹は、彼女と同じように怪異に悩まされていたらしい。

それを知った彼女は、慌てて祖母の他の孫たちにも連絡を取った。

自分や亡くなった従姉妹と同じように怪異に見舞われている者はいないのか、それが知りたかった。

しかし、彼女と亡くなった従姉妹以外には何も起こってはいなかった。

だから、彼女は必死になって考えた。

どうして自分と亡くなった従姉妹だけが怪異に見舞われなくてはいけないのか、と。

しかし、どう考えても彼女にはその理由が分からなかった。

そして、幾人かの知人の伝手を辿り、俺のところに相談が来たのである。

電話で話した彼女は可哀想なほどに怯え、

「まだ死にたくないです。助かる方法はないのでしょうか……」

そう泣きながら繰り返していた。


こんな時、俺が頼れるのはAさんしかいない。

俺は彼女から聞きだした情報をすべてAさんに伝え、見解を求めた。

そして、一度、彼女に会ってくれないかと頼んだ。

すると、Aさんはいつもの面倒くさそうな顔であっさりとこう答えた。

「まあ、事情はしっかりと理解しました。だから、会う必要もないと思いますね」

「えっ、でも……」

「いいですか、Kさん。その女性にこう伝えてください、さっさとそのお金を使いきってしまえってね。誰かにあげるとか寄付するとかではダメですよ。余らせてしまうのもダメです。とにかく一刻も早く、一気にそのお金との縁を断ち切らないと。その十万円にこそ呪詛がかけられているんですから」

そう、話してくれた。

つまり、遺言に従った者のほうが恐ろしい目に遭っていたのだ。
なんだか理不尽な気もするが、俺は急いでその内容を彼女に伝えた。
俺の話を信じてくれた彼女は、すぐにAさんの指示に従ってくれた。
その結果、それ以降彼女の周りでは一切怪異は起こらなくなったということである。

貸していたギター

これは和歌山県に住んでいる大学時代の友人から聞いた話になる。

大学時代は長渕剛に傾倒し、本気でプロのシンガーソングライターを目指していた彼だが、いまでは普通の会社員になり、それなりに幸せな暮らしを送っている。

一方、大学時代はヘビーメタルに傾倒し、革ジャンを着てその上から鎖をジャラジャラと垂らしていたのが俺だ。そんな彼と俺では一見接点がないようにも思えるが、なぜか彼とは気が合ってしまい、彼の部屋でよくギターをかき鳴らしてはセッションよろしく楽しい時間を過ごしていたのがいまではとても懐かしい。

そして、大学を卒業してからかなりの年月が経った頃、出張で大阪へ行った際、ばったり大阪の街で再会し、久しぶりに二人で酒を飲みながら聞かせてもらったのがこれから書く話になる。

彼は元々、マーティンやギブソンなどの海外有名ブランドのギターには興味がなく、純粋に音が良いと思えるギターだけを所有していた。

愛用しているギターはヤマハやヤイリなどの国産ギターばかりであり、どちらかといえば、海外製のギターを目の敵にしていたといっても過言ではなかった。

そんな彼が一本だけ持っていた海外製のギターが、ギルドというメーカーのギターだった。

勿論、純粋に音に惹かれて購入したそうで、確かに一度弾かせてもらったことがあったが、硬質で伸びる音質は弾いていてとても気持ちが良かったのを憶えている。

そんな大切なギターを彼は地元、和歌山の友人に貸したことがあるそうだ。

大学を卒業し、地元の和歌山で就職してから五年ほど経った頃のことだ。

その頃の彼は、地元の一般企業で働きながらも、いまだにプロの歌手になる夢を諦めてはいなかった。

だから、仕事から帰るとギターを抱えて作詞作曲に没頭し、休みの日になれば、色々なイベントに出演し自慢の歌声を披露していた。

だが、それなりに知名度は上がっていってもやはりプロへの壁は厚く、彼としてももう潮時かもしれない、と考えていた頃のことだった。

同じライブに出演し、それなりに顔馴染みになっていた友人から、こんな提案があったという。

それは、彼がその頃よくライブで使っていたギルドのギターに関することだった。

「なぁ。一度、あのギターを貸してくれないか？」

「もっと良い音にして返してやるからさ」

そんな言葉だったという。

勿論、彼は自分のギターをいつも大切にしていたから、一度はその申し出を断った。

しかし、その友人のほうもなかなか引かず、彼に会うたびに同じ言葉を繰り返した。

「君の持っているあのギターは確かに素晴らしい音だけど、あのギターの持っているポテンシャルはあんなものじゃないよ」

「君が良い音のギターに拘っているのは知っているけど、あのギターをあのままの状態で弾いていたんじゃ、それこそギターが可哀想なんじゃないか？」

しつこいうえ、そんなことまで言われてしまい、彼は内心、カチンときたという。

「それならば、本当に良いギターの音を教えてくれよ！」

そう言って彼はその友人に、自分の大切なギターを託したという。

しかし、それからすぐにその友人とは連絡が取れなくなった。

何度電話しても繋がらず、ライブにも一切顔を出さなくなった。

彼は怒りに任せて大事なギターを渡してしまったことを激しく後悔した。


騙された……。

あいつはきっと初めからあのギターが欲しかっただけなんだ。

だから俺から借りて、そのまま自分の物にしようとしたに違いない、きっとそうだ……。


しかし、彼は警察に届けを出すことはしなかった。

警察沙汰になって面倒に巻き込まれるのも御免だったし、何よりその頃の彼は既に音楽への情熱も徐々に薄れ始めていたから。

だが、ある日彼が仕事を終えて自宅に帰ると、玄関の前に例のギターが無造作に置かれていた。

慌ててギターケースを開けると、間違いなく彼のあのギターが収められていた。

きっと罪悪感に耐えかねて返しに来たんだろうな……。

そう思って彼が久しぶりにそのギターを弾いてみると、確かにギターの音色が激変していた。

以前のように硬質で伸びる音質は変わらなかったが、そこに音の広がりと深み、そして重厚さが加わっていた。

それはただの感覚ではなく、はっきりと体感できるほどの違いだった。


あいつの言っていたことは本当だったのか？

それにしても、どうやって……。


彼は一度弦を外し、ギターの内部を確認してみることにした。

これだけ音が激変しているのだから、きっと内部に秘密があるはずだ。

ブレーシングを変えたか、もしくは表板を削ったのか。

そして、サウンドホールから手を入れて表板の裏側を手探りで探っていた時、何かが彼の指に当たりサウンドホール内に落ちる音がした。

「ん?……なんだ?」

それを手で拾い、その目で確認した時、彼は思わず凍り付いた。

それは人間の生爪だった。

血の痕がくっきりと残った生爪が表板の裏側に貼りけられていた。

慌ててさらに手を突っ込んで探ると、無数の生爪が表板の裏側全面に貼り付けられているのが分かったという。

まだ血が固まり切っていない状態で付着した生爪が……。

彼は急いでその生爪をすべて削ぎ落した。

全部で五十枚以上の生爪が貼り付けられていたそうだ。

(なんで、こんなことを……)

彼は怒りを覚え、何とかしてその友人ともう一度連絡を取ろうと、音楽関係の知人に電話をかけまくった。

そして、意外な事実を知ったという。

彼の自宅にギターが届けられていた日の三日前に、彼は別の友人の自宅で首を吊って亡くなっていた。

真実が知りたくて警察に出向き事情を説明したが、警察からの返答では自殺した友人の指には爪はすべて残されていたということだった。


それでは、あの生爪はいったい誰のものだったのか――？

そして、あのギターを自宅まで返しに来たのはいったい誰だったのか？


その謎は一切解けることはなかったが、その代わりに彼の家では怪異が頻発するようになった。

真夜中に誰かがギターを弾いている音がはっきりと聞こえてくるのだという。

彼にはすぐにその音があのギターの音だと分かった。

彼は家の中に誰かが侵入したのだと思い、慌ててギターを保管している部屋に飛び込んだが、部屋のドアを開けるとギターの音はピタッと鳴り止み、ギター自体もきちんとギターケースに収められたままだった。

しかし聞こえていた音は間違いなくあのギルドのギター特有の音だった。

そんなことが立て続けに起こると、さすがの彼も気味の悪さに耐えきれなくなった。

結局、惜しい思いはありつつも、そのギターを諦めて手放したそうだ。

それでも一年に数回ではあるが、真夜中、彼が寝室で寝ていると、どこからともなくギターを爪弾く音が、いまでも聞こえてくるのだという。

夢を見た

昨夜、夢を見た。

夢の中で俺は知らない男性数人と原っぱの中にポツンと建てられた祠のような物を探していた。

どうしてそんな物を探すことになったのかは分からないが、とにかく長く伸びた雑草の間にしゃがみ込むようにして、俺は必死でその祠を探していた。

すると、突然。

「おーい、見つけたぞー。そっちのほうへ逃げたから後は頼んだぞぉー」

そんな言葉が聞こえてきた。

思わずその場で立ち上がった俺は、きょろきょろと辺りを見回した。

すると、白い着物を着た女がこちらに向かって飛んでくるのが分かった。

飛んでくる、と書いたのは明らかにその女の顔の位置が高かったのと、雑草の間を走るような音がまったく聞こえてこなかったからだ。

そして、なぜか俺は、こちらに向かって飛んでくる女を両手を広げて受け止めようとしていた。

どうしてそんなことをしようと思ったのかは自分にも分からないが、とにかく夢の中の俺は、飛んでくるその女を少しも怖いとは感じていなかった。

そして、さあこいとばかりに身構えた瞬間、突然その女の顔が変わった。

それまでは二十代くらいの普通の女性の顔で、無表情ではあるものの単に生気がないだけという感じだったのだが、突然、感情もあらわな鬼女の顔に変わった。

その顔には、してやったり、とでもいうような気味の悪い笑みが浮かんでいた。

女は、そのまま俺に抱きつくようにして腕の中へと飛び込んできた。

刹那、鈍い痛みが腕から胸に走り、俺はハッと夢から抜け出した。

恐怖で体中が引きつっていた。

慌てて枕元の時計を見ると午前三時を過ぎた辺りだった。

（なんか凄い夢を見ちゃったな……）

俺はいまださめやらぬ恐怖の余韻に深呼吸を繰り返しながら、妙なことを考えていた。

こんなに怖い夢なんてそうそう見られるもんじゃない。

それに凄くリアルな夢だったし……。

やっぱり忘れないうちにパソコンに書き留めておくか、と。


俺はゆっくりと布団から上体を起こした。

そして、いつも執筆に使っているデスクトップパソコンの電源を入れようとした。

しかし、パソコンのほうを見た俺はその場で一瞬固まり、すぐに再び上体を布団の中へと押し込んだ。

心臓の鼓動がどんどんと速くなっていくのが分かった。

俺がパソコンの横にある電源のほうを見た時、そこには明らかに何かが座っていた。

まっすぐにこちらを向いたまま正座しているモノ。

それはどう見ても、つい今しがた夢の中に出てきた女にしか見えなかった。

鬼女に変わる前の、普通の状態の女。

どうして夢の中に出てきた女がこの部屋にいるんだ？

もしかして俺はまだ夢から覚めていないとでもいうのか？

思わず自分の頬を抓ってみるが、明らかに俺の目はもう覚めている。

目が覚めて部屋の中に知らない何かがいるという事態は、過去に何度か体験していた。

そして、その対処法も……一応心得ている。

しかし、女がいつまたあの鬼女の姿に変わるか分からないという恐怖で、俺の体は小刻みに震えていた。

俺は布団の中に顔を埋めて息を殺した。

そうしなければ、その恐怖には耐えられなかった。

唯一の救いだったのは、いつものように部屋の中の豆球ランプの明かりを点けたままにしていたため、完全な暗闇にはなっていなかったことだ。

しかも、午前三時ならば、あと二時間もすれば窓の外が白み始めるはずだった。

俺は、何とかそのまま布団の中で時間の過ぎるのを待つことにした。

かなりの時間が経過したと感じた。

ただ布団の中で微動だにしないでいるのは苦痛でしかなかった。

俺はもう一度だけ勇気を出して女の座っているほうを確認することにした。
既に消えていてくれ、と願いながら……。
しかし、女は確かに部屋の中にいた。
しかも、先ほどの場所よりも近い場所にぼんやりと立っていた。
一気に恐怖が増していく。
俺は再び時計を確認した。
朝日が昇り明るくなるまでに、あとどれくらい我慢すればよいのかを知るために。
しかし、時計を見た俺は、思考が停止した。
時計の針は先ほど確認した時からまったく動いてはいなかった。
こんな現象は初めての経験だった。
どうすればいい？
どうすればいいんだ？
必死に頭を巡らせ考えるが、答えなど見つかるはずもなかった。
焦りは焦りを呼び、俺は布団の中で固まるしかなかった。
すると、次の瞬間。

何かが俺の上に倒れてきたような衝撃と重さを感じ、思わず俺は小さな悲鳴を上げてしまった。

部屋の中に倒れてきそうなものなど何も置いてはいない。

だとしたら、俺の布団の上に倒れ込んできたのはあの女に違いなかった。

俺は、その女の顔だけは絶対に見たくないと思い、必死で布団の中に顔を埋めた。


え……。


布団の中で、何かの顔と俺の顔がぶつかったような感覚を覚えた。

女は布団の上に落ちてきたはずなのに、なぜ中に？

もはやパニックで頭の中は真っ白だったが、確かに俺はその時、その「何か」の顔を見てしまったような気がする。

しかし、朝になって思い出そうとしてもどうしてもその顔を思い出せなかった。

別に無理に思い出そうとする気もないのだが、このまま記憶の中から永遠に消えてくれと願うばかりである。

大型フェリー

飛行機や電車、車やバイクなど旅行手段は様々あるが、先日飲み屋で知り合った方に大変興味深い話を聞かせてもらった。

彼は旅行で目的地近辺まで移動する際には、いつも大型のフェリーを利用するのだという。

徒歩でフェリーに乗船し、一番安い部屋に泊まって目的地までの時間を海の上で過ごす。

一番安い部屋といっても、最近では十人以上が雑魚寝するような相部屋は少なくなり、カプセルホテルのように最低限のプライバシーは確保されているらしい。だからとても快適に過ごせるのだそうだ。

確かにより快適な設備が整っており、テレビや浴室まで備わっている高額な客室にも憧れはあるが、それでも大浴場やレストラン、スポーツジムや売店などの利用には客室の差はなく、のんびりと海の上で移動時間を過ごしたいだけの彼にとっては、一番安い客室で十分なのだそうだ。

それに、彼がフェリーを愛用している理由は別にあった。

スマホの電波も届かず、日頃の忙しなさから解き放たれたような自由を味わいながら、ひとりぼんやりと海を眺めるということ。

フェリーのデッキに出て、三六〇度何も遮るものがない海原を見渡していると、本当に心が癒され精神的な疲れをリセットすることができた。

しかし、ある時いつものようにフェリーで移動していた際、彼はある光景に遭遇した。

それから彼はできるだけ悪天候の日にはフェリーを利用しないようにしている。

これから書くのはそんな悪天候の日に彼が遭遇したてしまった、とある光景の話になる。

その日、彼は貯まった有休を消化するため、平日のフェリーに乗って北海道へと向かっていた。

平日ということもあってか、フェリーの中には乗客が異様に少なく、いつもとは明らかに様子が異なっていた。

だが、すいているお陰か、いつものように一番安価な客室を予約していた彼だったが、フェリー側の計らいで少しだけ広い個室に同じ料金で泊まることができた。

この思いがけぬ幸運に、彼としてはかなりテンションが上がったのだが、それも束の間、彼はすぐにこの日にフェリーを利用したことを後悔することになる。

確かに天候が悪化しているという情報は得ていた。

だが、過去にも悪天候の中でフェリーを利用したことはあったという。

それでもその日の悪天候は彼の想定を遥かに超えていた。

とても立っていられないほどの大きな揺れ。

その波のうねりに合わせて、ぐわんぐわんと上下するフェリー。

確かに現代の大型フェリーがそれくらいで沈没することはあり得ないだろう。

だが、一抹の不安がよぎるくらいにはその時の船内状況は最悪だった。

いつもならば船内の散策やレストランでの食事を楽しむ余裕もあったのだが、その日はとてもではないがそんな余裕などなく、海を眺めることも諦めていた。

もっとも、船内ではできるだけ客室内で過ごすようにと放送されており、展望デッキの利用はおろか、窓から外の景色を眺めることも完全に禁止されていた。

勿論、彼自身にもそんな気はなかったから、酷い船酔いに苦しみながら何とか眠りに就くだけで精一杯だった。

彼が再び目を覚ましたのは、真夜中の二時頃だった。

ハッとして目覚めた彼は、船の揺れがかなり弱まっていることに気付いた。

寝る前に飲んだ薬のお陰か、船酔いもだいぶ良くなっていた。

彼は寝台からゆっくりと起き上がると、客室の窓から海を確認した。

しかし、真っ暗な海を見ても、いまどれほどの荒れ具合なのかはよく分からなかった。

彼はそのまま部屋を出て、昨日はできなかった船内の散策を行うことにした。

まだ少し頭がふらふらしたが、昨日は何もできなかったこともあり、せっかくのフェリー旅行を満喫したかった彼は、是が非でも船内の散策だけはしたかったのだという。

廊下に出てしばらく歩くとエントランスに出た。

さすがにあれだけの大揺れだったせいか、そこには誰の姿もなかった。

受付にも誰もおらず、なんだか彼は少し不安になってきた。

それでも船内の散策を止めるつもりはなかったのだが、ここまで寂しいフェリーは初めてで何とも言えず落ち着かない。レストランに行っても、売店に行っても、この時間は閉まっている。

二十四時間入浴できるはずの大浴場でさえ、揺れの危険から閉鎖されており、船内すべての設備が完全に眠りに就いていた。

彼は仕方なく最後の楽しみに賭けてみることにした。

それは展望デッキから海を眺めるということ。

確かに真夜中であり、悪天候の中、展望デッキに出られるとは思わなかったが、それでも窓から展望デッキの様子を眺めることくらいはできるだろう。

そう、彼は思っていた。

しかし、展望デッキに行ってみるとそこにはまるでバリケードでも設置してあるかのように間仕切りが置かれ、外の様子を眺めることはできないように目隠しされていた。

しかも、その間仕切りには

「絶対に外は見ないでください！」

と何枚もの紙が貼り付けられていた。

いつもの彼ならばその状態を見て諦めていた。

しかし、その時はなぜかその厳重な目隠しに妙な興味が湧いてしまったという。

辺りを見回したが、当然見咎めるような人間は誰もいなかった。

彼は体を間仕切りの間に滑り込ませるようにして、少しずつ体を前へと進めた。

その時の自分は、いま思えばまるで何かに引き寄せられているような心理状態だったという。

外が見たい。

何としても海が見たい。

それればかりが頭の中を占めている。

そして何とか強引に間仕切りの間に体を滑り込ませながら進んでいくと、一気に彼の視界が開けた。

そこは展望デッキに出る出入り口で、全面がガラス張りになっていた。

彼は目を凝らして暗いデッキを見つめた。

それほど荒れていなければ展望デッキへ出てみようと思った。

しかし、すぐに彼はそれを断念した。

それは海が予想以上に荒れているからではなかった。

いや、確かに海は荒れており展望デッキの上には沢山の海水が貯まり、さらにその上から波が叩き付けられているという状態だったが、彼がそれを断念した理由は他にあった。

あるはずのない光景を目にしたのだという。

(なんだ、あの子ら……)

展望デッキの上には五人の子供がおり、そこがまるで公園であるかのようにはしゃぎまわって遊んでいた。

一見、どこにでもいる普通の子。普段着で、キャッキャッと無邪気に遊んでいるだけのこと……。

しかし、彼にはそれが逆に、不気味でたまらなかった。

どうしてこんな所で子供たちが遊んでいるんだ?

冷静にそんな疑問を抱いたわけではない。

むしろ完全なる直感で、彼は恐怖を感じていた。

これは見てはいけないものなのだ……と。

気付くと彼の全身は、関節が壊れた人形のようにガタガタと小刻みに震えていた。

それは圧倒的な恐怖だった。

ガラス一枚隔てたデッキの上に人間ではないモノたちがいる……。

彼は震える体で何とか後退しようともがいた。

見ていることも怖いが、目を離してしまうのも怖い。

その時の彼は後者が勝った。不気味な子供たちの様子を見張りながら、少しずつ少しずつ後退する。

彼らに見つからないうちに、この空間からそっと逃げ出すのだ。

慎重に、でも早く。

だが、彼はほんの一瞬、自分の足を挟んでいる間仕切りの様子を確認しようと視線を逸らしてしまった。

その瞬間、突然、彼の目の前にガラスに何かがぶつかる衝撃音が響いた。


ドン！

大きな音にハッと彼が視線を戻すと、そこには無邪気な笑みを浮かべながら窓に貼り付いている五人の子供の顔があった。

「……ッ！」

それを見た彼は、悲鳴すら上げられないまま強引に体を後方へと移動させ、やっとのことで間仕切りの間を通り抜けた。

ようやく間仕切りの内側に戻ってきた彼だったが、相変わらず窓からは、ドンドンドンドン……！　と手で窓を叩くような音が聞こえていた。

彼はその後、怪我をしていることに気付き、受付へ行ってから医務室に行くことになった。

かなりの深手だったらしく出血を止めるのに苦労したそうだが、医師に、どうしてこんな傷を負ったのかと聞かれた彼は、「いえ、別に……」とだけ答えて、それ以上は何も話さなかったそうだ。

アレは他言してはいけないモノ。

話せばもっと恐ろしいことが起こる……。


これまた直感でそう悟ったのだという。

「え、じゃあ俺に話しちゃって大丈夫なの？」

ドキリとしてそう問うと、彼はしばし考えこう言った。

「何て言うんですかね……。たぶん、海の上では口にしちゃいけない。そんな掟なんじゃないかな？」

週末、彼はまたフェリー旅行を企画しているという。

週間天気予報は、当分晴れである。

かくれんぼ

これはブログの読者の方から聞かせていただいた話になる。

彼は三十代の頃、ＩＴ関係の会社に勤務していた。

全国に支社のある、ソフト開発をメインにしている会社だった。

ずっと本社がある東京で働いていた彼だったが、ある時、突然の辞令で四国の支社への転勤を命ぜられた。

彼にしてみれば想定外の地域への転勤だったが、どうやら話を聞いてみると、その四国の支社の業績が思わしくなく、その現状を立て直すための出向的な意味合いでの転勤なのだという。むしろ彼の能力を見込んでの抜擢で、業績が回復すればすぐにでも役職付きで東京の本社に戻れるからと説明され、渋々彼はその辞令を受け入れた。

その頃の彼はまだ独身であり、ソフトの開発にも長《た》けていることから、会社としても転勤にうってうつけの人材だったのだろう。

四国の支社がある場所は山の中腹にあり、そこに至るまでの道路は整備されているものの、建物の周囲には何もなく、延々と深い森が続いているだけという寂しいところだった。

しかも、そこで働いている人たちは全員が五十代以上で、若い者などひとりもいない。

おまけに、彼が支社長に挨拶した際にはこんなことを言われたそうだ。

「今回はあなたですか……。まあ、いなくならないように頑張ってくださいね」

ずいぶん嫌な言い方をするなとは思ったが、きっとこんな辺鄙な場所に異動させられた人は環境に馴染めず、嫌になって辞めてしまうケースが多かったのだろうな、と理解したという。

だが、実際に住んでみると、確かに辺鄙な場所ではあったが、生活自体に困ることはなかった。

給料も変わらず、赴任手当まで付く反面、生活に必要なものの物価は安いから手元に残るお金はぐっと増える。肝心の仕事量も、東京にいた頃より少ない。

だから、彼としてはその土地でのんびりと三年間ほど過ごし、次の辞令で本社に戻れればいいかな、とさえ思い始めた。

その土地での仕事は本当に少なかった。

そもそも企業や公的施設も少ないのだから、そうそう新たな受注など取ってこられるものではない。

だから、転勤してからの彼は毎日定時である午後五時半に退社していた。この土地では残業という言葉は存在しないも同然で、実際、午後六時以降に会社に残っている者などひとりもいなかった。

本社勤務の頃には、月に何日かは必ず深夜まで残業を余儀なくされていたから、まさに夢のような勤務体系だった。あれほどブラック企業だと思い込んでいた会社が、支社に来るだけでこれほどまでにホワイト企業に変わるものなのかと、しみじみと感動を噛みしめていた。

しかし、それは彼の暢気な思い込み、勘違いでしかなかった。

やがて彼は、支社の社員が誰も残業をしない本当の理由を、身を以て知ることになる。

その日、彼は支社に赴任して初めて、高額のソフト開発を受注することに成功した。

確かに嬉しかったが、反面、不安も強かったという。

それは、本当に納期までにソフトを完成させ、納入することができるのだろうか……という不安だった。

受注したソフトはとてもひとりで完成させられるものではなく、いざとなれば皆で残業しなければ間に合わない事態も想定しうるものだった。

だが、彼がその地に赴任してから、残業をしている者など一度も見たことがなかった。

彼はまず懸念していることを支社長に相談することにした。

だが、支社長の答えは、それなら全員が少し早めに出勤すればいいとのことで、残業には消極的なアドバイスしか返ってこなかった。

しかも、早朝出勤とはいっても、明るくなってからの出勤しか認めないという。

予想しうる仕事量からいって、その程度の早朝出勤で納期に間に合うとはとても思えなかったが、最初からグダグダ言っても始まらない。まずは支社長の案を呑んで、ソフトの開発に取り掛かる事にした。

(まぁ、いざとなったら自分ひとりで残業すればいいか……)

半分はそう考えていた。

しかし、驚くべきことに支社長は、彼ひとりの残業さえも許可してはくれなかった。徹底して午後七時以降の残業は禁止だというのだ。

勿論、自宅での作業も考えたが、データの流出の懸念から、それも許されないときている。

さすがの彼も途方に暮れてしまったが、それでもできることを日々やるしかなかった。毎朝日が昇るのを待って出勤し、昼休みも抜いて夜七時ギリギリまで作業に没頭した。

しかし作業が進むにつれ、納期が間に合わないことは明白となっていく。

そんな時、予想だにしない人が声を掛けてくれた。

残業を頑なに拒んでいた支社長だった。

「私が手伝おう。ひとりで作業するよりは少しは捗《はかど》るだろう。でも、残業はどんなに引っ張っても午後十時まで。それまでには絶対に退社するという条件付きだ。それと他の社員には絶対に残業は手伝わせないこと。他の者まで危険な目に遭わせるわけにはいかないからな……」

そんな言葉だった。

彼にしてみれば猫の手も借りたい状態だったから、ありがたくその申し出を受け入れた。

その日からさっそく、午後十時までの残業が始まった。

他の者も手伝いたいと申し出てくれたが、支社長は頑なにそれを拒んだ。

そうして支社長との二人きりの残業が始まった。

二人で黙々と仕事をしていると、彼はあることに気が付いた。

それは電話がかかってくるたびに、支社長が異常なまでに反応し、緊張した空気になるということだ。

そして、彼に対しても「いいか、絶対に電話には出るなよ」と真剣な顔で命じてきた。

その顔は明らかに何かに怯えている顔で、顔色も悪く、じっとりと汗をかいていた。

彼は残業中に一度、支社長に尋ねたことがあった。

どうしてこの会社では頑ななまでに残業が禁止されているのか、と。

支社長が残業を手伝ってくれると言った時、他の者まで危険な目に遭わせるわけにはいかないと言った意味は、いったい何なんですか、と。

しかし、支社長は、

「いまここでする話ではないな。余計なことは考えず、一分でも早く作業を終わらせることだけ考えなさい」

と返してきただけだった。


そんな残業を続けていたある日の夜、ついにその時が来てしまう。

時刻は午後九時半くらい。

突然、会社の電話が鳴り響いた。

残業中に電話に出ることは禁じられているので、そのまま自動的に留守番電話へと切り替わる。

すると、電話機のモニタースピーカーから、

十……九……八……七……六……と数字をカウントダウンする声が聞こえ、それが○になった直後、大きな声で、

「もうーいいかい？」

という声が聞こえてきた。

（なんなんだ？　変な電話だな……）

首を傾げながら、彼が支社長のほうを見ると、支社長は青ざめた顔で立ち尽くし、全身をガタガタと震わせていた。

そして、ハッと我に返ったように
「おい！　いますぐに帰るぞ！」

と声を荒らげた。が、その声すら明らかに震えて上ずっている。

「え？　キリの良い所まで終わらせちゃいたいんですけど……」

困惑して彼がそう返すと、

「そんなもの、どうでもいい！　パソコンも電気もそのままでいいから、いますぐここから出るんだ！」

と怒鳴られたという。

しかし、そんな支社長の鬼気迫った顔もすぐに消えた。

「もう……いいかい？」


会社の玄関から、さっき電話から流れてきたのと同じ声がはっきりと聞こえたのだ。

それはまだ小学生くらいの男の子の声に聞こえたという。

その声を耳にした途端、支社長の顔はみるみるうちに絶望の顔へと変わっていった。

しかし、すぐに自分を奮い立たせるように彼に向かってこう指示した。

「いいか？　いまから絶対に声を出すな……。何があってもだ！」

そう言うと、すぐにブレーカーを落とし会社の電気をすべて消した。そして、

「お前はすぐに保管庫の中に入って鍵をかけろ！　中から鍵をかけて誰が何を言おうと絶対に開けるな！　そうすればひとりくらいは助かるかもしれん！」

　確かにそう言ったという。

　彼はもうわけが分からぬまま、言う通りに保管庫に入る。そして、支社長自身も別の保管庫に入ろうとしていた時、突然部屋の入り口付近から、ひと際大きな声が聞こえた。

「もう……いいかい？」

その声を聞いた途端、支社長は保管庫の前から離れて、自分の机の下へと潜り込んだのが分かった。

それからは部屋の中からは何も声は聞こえなくなった。

耳が痛いほどの静寂。

そんな中、何かが濡れた裸足で歩いているような音だけが耳に響いてきた。

ペタッ……ペタッ……ペタッ……。

そして、その足音が突然止まり、

「みぃつけた！」

という声が聞こえてきた。

その声は男の子の声だったが、とても大きく、気持ちが悪いほどの歓喜に満ちていた。

それからはまた何も聞こえなくなり、彼は得体の知れない恐怖の中で必死に音を出さないように堪えていた。

どれくらいの時間が経っただろうか……。

彼にしてみれば確かに味わったことのない恐怖を感じてはいたが、それ以上に支社長の安否が気に掛かっていた。

だから何も音が聞こえないのを再度確認してから、囁くような声で呼んでみた。


「支社長？　大丈夫ですか？」


刹那、ペタッペタッペタッペタッ……と、凄まじい速さで何かがこちらへと歩いてくる音が聞こえた。

そして、彼がいる保管庫の扉正面から、

「もう……いいかい？」

と声が聞こえた。

彼が息を殺して耐えていると、今度は、

「もう……いいかい？　もう……いいかい？　もう……いいかい？　もう……いいかい？」

と、声は次第に大きく、速く、連呼されるように変わった。それと同時に、彼が隠れている保管庫がガタガタと前後左右に激しく揺さぶられる。

彼は保管庫の中にしゃがみ込んだまま、必死で叫びだしたい衝動に耐えるしかなかった。

しかし、ほんの一瞬。

保管庫の扉の隙間から扉の前に立っているモノの姿が視えた瞬間、彼は恐怖でそのまま失神してしまったという。

彼が目を覚ましたのは朝になり、他の社員たちが出勤してきてからのことになる。

支社長はそのまま行方不明になり、警察による捜索の甲斐もなく、いまだに見つかっていない。

彼はそれからすぐにその会社を退社した。

あの夜の件が恐ろしかったのもあったが、どうやらその怪異に関しては本社の上層部も周知の事実だったらしく、そこにあえて行かされたということは、自分が会社にとって必要のない人間として扱われているということを悟りきったからだという。

それから数年後、その支社が閉鎖されたのを風の噂で聞いた。

彼はいまでもあの夜、保管庫の扉の隙間から見てしまった怪異の姿を、何ひとつ思い出せないままでいる。

熊走大橋

彼は元々、霊の存在などまったく信じてはいなかった。

誘われて、幾つかの心霊スポットと呼ばれる場所に行ったことはあるが、どれも寂しく、鬱蒼とした場所であるというだけで、何かを見たり、感じたりすることはなかった。

しかし、ある出来事を経験してからというもの、絶対にひとりでは行動しなくなり、心霊スポットと噂されているような場所には一切近づかなくなった。

これから書くのは、彼の考えを一八〇度変えてしまった出来事に関してである。

その時、彼は友達とひとつの賭けをしていたのだという。

それは深夜に心霊スポットに行って、スマホでその様子を撮影してくるというものだった。

そして撮影してきた動画に何も映っていなければ、彼は賭けの勝者として飲み代を奢ってもらい、万が一動画に何か不可思議なモノが映り込んでいた場合には、彼が敗者として友達に飲み代を奢らなければいけない、という単純な賭けだった。

勿論、彼としては単なる余興のつもりだったし、皆が恐れている心霊スポットに行って何も起こらなければ、それはそれで「幽霊などいない」——と、証明できるような気がしていた。

しかし、どうやら友達が指定した心霊スポットは本物の……「ガチで危険すぎる場所」だったようだ。


熊走大橋。

言わずと知れた心霊スポット……。

そして俺たち石川県民なら誰でも知っている。そこが県内随一の自殺の名所であるということを。

俺の知り合いの女性霊能者も、

「——あの場所にだけは、関わり合いになりたくありません」

と言っている。とにかく自殺霊が多すぎて、危険極まりない場所なのだそうだ。


そんな場所に真夜中にひとりで出かけていき、動画を撮影しようというのだから、怖いもの知らずにもほどがある。

しかし、彼はその時、熊走大橋という場所が心霊スポットだとは知っていても自殺の名所だとは知らなかったらしい。

その事実を知っていれば、もしかしたらそのような愚行へと突き進むことはなかったのかもしれない……。


彼はその夜、賭けをした友人とファミレスで時間を潰し、時計の針がちょうど午前〇時を回った頃にファミレスで友人と別れ、ひとり車で熊走大橋へと向かった。

季節は既に晩秋になっていたが、窓を開けて走っていると風がとても気持ち良かった。

彼にとって、熊走大橋は初めて訪れる場所だった。

当然道は知らず、カーナビの案内だけを頼りに車を走らせていた。

繁華街を抜け、住宅街を通り過ぎると途端に辺りは寂しくなる。

民家の明かりすらないような道を走っていると、本当にこの道で合っていたのかと不安になってきた。

心許ない気持ちでそれでもアクセルを踏み続けていると、前方に真新しいトンネルが突如姿を現した。

ゆっくりと近づいて確認すると、「鷹の巣トンネル」という文字が見えた。

彼は、自分が走っている道が間違っていなかったとホッと胸を撫で下ろした。

鷹の巣トンネルを過ぎてしばらく走れば、もうそこが熊走大橋だと聞いていたからだ。

果たして、その通りになった。


（ここか……）

車のヘッドライトに浮かぶ橋の姿に、ホウ……とひとつ息をついた。

初めて見る橋は思ったより平べったい印象だ。緑っぽい欄干もさほど高さはない。

確かに明かりもほとんどなく、静まり返っていたが、だからといって特に怖いという感じはしなかった。

（行くか）

エンジンを停めて車外に出る。

彼はポケットからスマホを取り出すと、ビデオモードをオンにし、さっそく撮影を開始した。

しかし、いかんせん暗い。

この暗闇の中を、スマホを構えながらやみくもに歩いていくのは少々危険だと思った彼は、しばらく車の横で時間を潰し、目が暗闇に慣れるのを待った。

（本当にここが心霊スポットなのかね……）

結局は、ただの辺鄙な場所なんじゃないか？

そんなことを考えていると、前方に一台の自動販売機があるのが見えた。

（コーヒーでも飲むか）

だいぶ目も慣れてきたので、ビデオを回しながら自動販売機のほうへと歩き出した。

（あれ……）

並んだ缶を見て、ふと違和感を覚える。

自動販売機にはなぜか古いデザインの飲み物が並んでいた。

それこそ彼が子供の頃に見たことがあるようなラベルの缶ばかりだ。

(古いな……本当に買えるのか？)

訝しみながら小銭を投入し、これまた懐かしい絵柄のコーヒーを選んで、ボタンを押す。


ガゴンッ。


かなり大きな音がして、缶が取り出し口に落ちてきた。

一昔前の缶から外れるタイプのプルタブを抜き、少しだけ飲んでみる。

「……ッ……オエッ」

彼はすぐさま口に含んだそれを吐き出した。

なぜか焦げ臭く、コーヒーとは違う苦味がしたのだという。

(おいおい……大丈夫なのか？　まさか、腐ってたんじゃないのか？)

彼は手に持った缶コーヒーを地面に置くと、中身を残したまま勢いよく蹴り飛ばした。

びしゃっと中身を吐き出しながら、暗闇の中を、缶コーヒーが転がっていく鈍い音が聞こえた。

その時だった。

突然、前方左方向から、

「こんばんは……何をされてるんですか？」

そんな声が聞こえてきた。

てっきりその場にいるのは自分だけだと思っていた彼は、驚いて声がしたほうを見た。

するとそこには五十代くらいの男性がひとり、ニコニコとこちらを見て笑っていた。

「あっ、こんばんは！　なんか自販機で買ったコーヒーの味がおかしかったので……」

彼は慌てて、そんなふうに答えたという。

すると、男性は穏やかな笑顔で、

「いや、そうじゃなくて……ここに何をしに来られたのかな？　と思いまして」

と返してくる。

その時、彼は、男性の背後に見える橋の左側に、やはりこちらを見てニコニコと笑っている十人以上の男女の姿を、はっきりと見たという。

橋の入り口から出口まで、老若男女が整然と並んで立っている……。

だから、彼はこう思ったという。

(ああ、この橋は、脇に歩行者用の歩道が設置されているんだな……)

暗いから最初見た時は気付かなかったのだろう。

なるほどなるほど、と思っていると、男性がこう誘ってきた。

「ここから下を流れる川まで降りられるんですが、ご一緒にいかがですか……?」

確かに橋の上からも、下を流れる川の水音が聞こえていた。

間近で見るのも面白いのかもしれない。


――が、彼には友人との約束があり、賭けに勝たねばという思いがあった。

だから彼は男性の誘いを丁寧に断ったうえで、こう尋ねてみた。

「ここって心霊スポットらしいんですけど、本当に何か出たりするんですかかね?」

すると、その男性は笑いながら、

「私たちは毎日ここに来ていますが、そんな恐ろしいものは一度も見たことはありませんよ。それよりどうですか？　下の川まで一緒に降りませんか？」

と繰り返す。

たったいま、断ったというのに、まったく聞いていないらしい。

彼は苦笑しながら、推察する。

(毎日、ここに来ているということは……きっとこの辺の集落に住んでいる人たちなんだろうな……)

きっと、おすすめの場所を教えてくれようとしているのだろう。

彼はそう理解しつつ、再び丁寧にその男性の誘いを断った。

「あの、今日はこれから、ここで撮影した動画を友人に見せる約束をしているんです。待たせているんで、今夜はこれで帰ります。すみません、誘ってくださったのに……」

彼は軽く頭を下げてそう言うと、撮影ももういいだろうと、さっさとその場を後にした。

来た道をするすると戻り、そのまま彼は友人のアパートへと向かった。

「よう、遅かったな」

待ち構えていた友人と、さっそく撮影してきた動画をパソコンに繋いで、一緒に確認する。

「怖かっただろう？」

「いいや？　だってさ、これ見ろよ」

彼としては、友人が恐れている心霊スポットは人も沢山いたし、ちっとも怖い場所なんかではない、ということを見せつけてやるつもりだった。

しかし――。

彼が映してきた動画には、誰の姿も映ってはいなかった。

真っ暗な空間に向かってカメラを向け、彼がひとりで話しかけている声だけが入り込んでいた。

「え？　なんで誰も映ってないんだ……？」

彼は必死になって先ほど自分が体験したことを友人に説明した。

すると、友人の顔がみるみるうちにこわばり、青ざめていく。

そして、震える声で教えてくれた。

熊走大橋の近くに、自動販売機は存在しないこと……。

橋に歩道など付いていないこと……。

そして……橋から下を流れる川に降りていくルートなど存在しないことを説明された。


結果として、彼は動画に「何も映り込んではいなかった」にも拘らず、友人との賭けに負けてしまったことになる。

しかし友人も、賭けに負けた彼に飲み代を奢らせるようなことはしなかった。

それよりも本気で彼の身を心配していたそうだ。

何か不吉なことが起きるような気がして……。


結局、その予感は当たってしまった。

それから一か月と経たないうちに彼は熊走大橋から身を投げて自殺してしまった。

あれ以来、ひとりで行動することも、心霊スポットと呼ばれる場所も徹底して避けていたというのに、だ。


この話は、いまも後悔に苛まれている友人から聞いたものである。

やはり本物の心霊スポットには近づくべきではない。

そして、気付かないうちに霊と話してしまうこと……それこそが最も危険な行為なのかもしれない。

火事の原因

これは以前、消防士として勤務されていた方から聞かせていただいた話になる。

その頃の彼は、既に消防士として二十年以上のキャリアがあり、悲惨な火事や事故も沢山目撃してきた。

その中でもまったく説明のつかぬ事案が何件かあり、その中でも一番気味が悪かったと教えてくれた火事がこれから書く内容になる。


ある日の深夜、住宅密集地で火事が発生した。

古い家屋が建ち並ぶ中、一軒の廃屋から出火。

火は瞬く間に燃え広がりその廃屋は全焼してしまう。

それでも不思議なことに、長屋のように軒続きになっていた隣家などには一切燃え移ることがなかった。

廃屋が全焼しただけで済んだはずの火事だった。

しかし、翌朝からの現場検証で焼け跡から二人の遺体が発見された。

まだ若い男性の遺体と年老いた男性の遺体。

しかも若い男性の遺体は上半身が炭素化するほど焼けているにも拘らず、下半身は火傷の痕すらない綺麗なままの遺体だった。

逆に年老いた男性の遺体は下半身だけが酷く焼けていて、上半身はまったくと言っていいほど燃えていない。

つまり廃屋だと思っていた古い長屋には二人の男性が暮らしていたことになる。

そこでその家の持ち主を調べてみると、どうやら遺体となって発見された老人男性が持ち主として登記されている人物だったらしい。

近所の住民に聞いても、十年以上前にその男性の奥さんが亡くなった後、男性もその家から引越していき、それ以降はその家に帰ってきたところを見ていないと証言されたという。

確かにその廃屋の焼け跡からは、生活するのに必要な家具や生活雑貨などは何も発見されなかった。

何より必要なライフラインである電気ガス水道も止められていた。

しかも、現場検証の結果、出火元は居間の上に位置する天井裏と推定された。

だから警察もすぐに放火による出火を疑って捜査を始めたが、生憎目撃者はなく、全焼してしまった現場には指紋すら残されていない。

しかも、玄関や勝手口、そしてすべての窓も閉じられたままで、鍵がかけられていた。


途方に暮れていた時、住民からこんな情報が寄せられた。

どうやらその廃屋は心霊スポットとして認知されており、若者たちが頻繁にやってきては、真夜中に大騒ぎをしていたそうで、事件や事故防止の観点から町内の人間が監視カメラを設置していたというのだ。

ひょっとすると、そこに犯人が映り込んでいるかもしれない。

さっそく捜査員がそのデータを借りて、その夜の映像を確認したという。

しかし――それでも火事の原因は特定できなかった。

ただその映像には不可解なモノが映り込んでいた。

まず現れたのは、電柱の横からじっとその廃屋を見つめているひとりの老女。

次の瞬間、老女は滑るように廃屋に近づくと、玄関の引き戸に耳を当て、中の様子を窺うような動きを見せる。

ただ、そのスケール感があまりにも異様だった。

その女性は玄関の大きさから推測すると三メートル以上の背丈に見えた。

そして、細く痩せこけた体を屈めるようにして玄関の引き戸に耳をあてているのだ。

その姿はとても人間のものとは思えなかったという。

しばらくすると、その女性はまるで瞬間移動でもしているかのように高速で移動し、宙に浮いたまま窓という窓から家の中を覗きだした。

一分ほどそんな動作を続けていた彼女は、ある窓のところで止まると、張り付くように中を覗き込んだ後、口に手を当てて笑うような仕草をした。

そして……そのまま家の中に吸い込まれるようにして消えていった。

家の中から出火したのはそれから五分ほど後のことだったという。

そして、燃え盛る廃屋の中からは先ほどの女が壁をすり抜けるようにして外に出てきた。

女はしばらくはそのまま満足そうに燃え盛る廃屋を見つめていたが、やがて宙を泳ぐようにして上空へと消えていったという。

一応、その映像に映り込んでいた女性を親族に確認してもらったところ、亡くなった男性の奥さんに似ているという証言が取れた。

しかし、そのような人間ではないモノが犯人だと調書に記載できるはずもなく、そのまま不審火として処理された。

二人の遺体が半身ずつ炭化していた理由も不明。

ちなみに、若い男性の身元は最後まで分からなかったそうである。

火葬

いまでは電磁窯のような装置でご遺体を焼いて灰にするのが主流と聞く。

施設の名前も、「斎場」というものに変えられた。

煙突もなく、当然、煙も出ない。

人間ひとりの体を完全に灰にするのに、二時間と掛からなくなった。

こうした技術の進歩は、火葬にあたる職員の方のみならず、近隣住民への配慮が大きいように思う。

しかし、どれだけ名前が変わり技術が進歩したとしても、死んだ人間の体を燃やして灰にしていることには変わりがない。

それ自体はとても大切なことであり、必要不可欠なことだろう。だが、技術の進歩により、死への恐怖や畏れというものが少し薄らいでしまっているようにも思える。

いまから書くのはだいぶ昔の話、昭和の中頃の話である。

さすがに都市部ではもう火葬場というものが存在していたと思うが、能登地方の田舎となると、当時はまだまだ昔ながらの火葬が行われていたらしい。

その昔ながらの火葬というのがなかなかに衝撃的なもので、俺も初めて祖母から聞いた時は驚いた。

村や集落の外れに「焼き場」と呼ばれる施設があり、そこで亡くなられた方を荼毘に付すのだが、施設といっても立派な建物があるわけではない。

石を積み上げたり、木の板を張り合わせたりしただけの簡素な場所だ。場合によっては単なる囲いだけの場合もあった。そこで火葬が行われる。

棺に入れたまま燃やすのだが、現代の火葬とは違い、完全に燃え尽きて灰になるまでには丸一日以上かかったという。

そして、火葬に立ち会うのは故人の親族ではなく、村人の中から持ち回りで回ってきた当番の者。

一度火葬があるたびに、二名。順番に火葬の立ち合い役が村人に回ってきた。

無論、ただ立ち会えばいいというものではない。

人間の体というものは燃え出すとスルメのようにくねくねと動き回る。それを長い木の棒を使って二人がかりで押さえ付けるのだという。

少しでも早く燃えるようにと……。

体が動いて火の外に飛び出さないよう、何度も何度も長い木の棒で押さえ付ける。そんな状態が少なくとも丸一日以上続く。臭いも凄いだろう。

まさに耐えられざるほどの苦行だった。

何度やっても慣れるものではない。中には精神的にやられてしまう者もいたそうだ。

焼き場の当番は各家の世帯主に順番に、平等に巡ってくる。これは絶対であり、いかなる理由があっても回避することはできなかった。


ある日のこと。

村で亡くなった若い女性の遺体を火葬することになった。

村では、年若い女性が亡くなった際には、母親が火葬が始まるまでその場に立ち会うのが決まりになっていた。それは遺体への冒涜、悪戯を防ぐための規則であり、以前、若い女性のご遺体に当番の者が悪戯をするという事件が発生していたからであった。

だが、その時娘を亡くしたばかりの母親は、心身ともにかなり衰弱しており、とても娘の火葬には立ち会えそうもなかった。

そこで、当番だった二人は娘の母親に対して、「今回ばかりは立ち会わなくていい」と伝え、母親を家に帰してしまった。

それは母親を心配してのことだったかもしれないし、そうでなかったのかもしれない。

不確実ながら、邪な欲望を抱いていたからだという情報もある。

そして、いよいよ棺の底に火を点け、火葬が始まった。

しばらく二人は酒を飲みながら世間話をしていたという。

やがて、ペタン、パタンという、中で何かが動いているような音が聞こえてきた。彼らはその音が、遺体が燃えていく過程で手足がスルメのように動き回って、棺の側面に当たる音なのだと知っていた。

そろそろ棒で押さえ付ける頃合いかと遺体の様子を確認した彼らは思わず固まった。

確かに娘の遺体は燃えている。

しかし、その遺体はスルメのようにペタンパタンとのたうち回っているのではなかった。

娘はきちんとした姿勢のまま、手首だけをかくかくと動かし、まだ焼け残っている棺の板にノックのように打ち付けていた。

その目は睨むように彼らに向けられており、焼けただれた顔は言葉で言い表せないほど恐ろしい形相になっていた。

声を失う二人の前で、次の瞬間、さらに恐ろしいことが起きた。

娘が片手を棺の縁に掛け、上体を起こそうとしてきたのである。

恐怖で固まっていた彼らは、その様子を見てハッと我に返った。

慌てて長い棒を使って娘の体を押さえ付ける。

二人とも必死だった。

恐怖で直視することができなかったのか、彼らは目をつぶったまま、ただやみくもに長い棒を突き刺すようにして押さえ続けたという。

それでも時折、まるでその棒を手で掴んでくるような感覚があったらしく、彼らはそのたびに必死でお経を唱え続けた。

どれくらいそんな攻防を続けていただろうか。

突然、鼓膜が破れそうなほど大きな唸り声が聞こえた。彼らのひとりは棒を手放し、咄嗟に耳を塞いでいた。

それは聞いたこともないような獣の唸り声だったという。

残響も消えた頃、恐る恐る目を開くと、一緒に火葬に立ち会っていた男と火葬していたはずの娘の遺体が忽然と消えていたそうだ。

それから村人たちが総出で行方不明になった男と娘の遺体を探したらしいが、結局、どれだけ探しても手掛かりひとつ見つけることはできなかったらしい。

それからしばらくの間、村では火葬が禁止され、土葬に戻されていたと聞く。再び火葬されるようになったのはそれからかなりの年月が経ち、近代的な火葬場が建てられてからのことになる。

しかし、この地域の火葬場では、いまでも火葬している最中に突然、獣の咆哮のような唸り声が聞こえることがあるという。

道連れ

彼女は元々四国の生まれであり、大学進学で金沢に来てからはずっとこちらで生活している。

しかし俺が知る限り、彼女が地元である四国に帰省した記憶は一度もない。

つい気になってその理由を尋ねた時に聞かせてくれたのがこれから書く話になる。


彼女がまだ幼い頃、親戚の伯母さんが亡くなった。

伯母さんと言っても年齢は六十歳を超えており、幼い彼女にとっては「おばあさん」と呼んだほうがしっくりくる感じだった。

その伯母には四十路のひとり娘がいた。

仮にS美とするが、その娘さんはとにかく夫婦の一粒種として大切に育てられ、父親が亡くなってからは母一人子一人の生活を過ごしていた。

S美さんは一度も結婚せず、母親と一緒に過ごす時間を何よりも大切にしていた。

勿論、伯母はそんなS美のことをいつも心配し、何とか自分が生きているうちに娘が独り立ちできるようにと手を尽くしていたらしいのだが、結局その想いを果たせぬまま亡くなってしまった。

当然、他の親戚たちも残されたS美のことを心配し、温かい声を掛けたり、葬儀の段取りも彼女に代わって取り仕切ってあげた。

しかし、S美の悲しみは想像を絶するものであったのだろう。

通夜と本葬の間、S美はずっと唇を噛みしめながら必死で涙を堪えていた。

しかし、いよいよ斎場に向かうとなった時、S美の様子は明らかにおかしくなった。

そして火葬をする段になると、S美は常軌を逸した行動に出た。

母親が入れられた木棺を誰にも触らせず、近づこうとする者は誰であろうと威嚇し攻撃した。

泣き叫びながら暴れまわるS美を親戚一同で説得したが、それもすべて無駄に終わった。

しばらくは伯母とS美だけにしてやろうということになり、親戚たちは少しだけその場から離れた。

そして、二十分ほどして再び戻って来た時には、木棺とS美の姿は忽然と消えていたという。

親戚たちは全員でS美の行方を追った。

しかし、どこにもS美の姿は見つけられなかった。

ただ、S美ひとりの力で木棺ごと伯母の遺体を持ち去るなど、どう考えても不可能としか思えない。誰かが手助けしたと考えるのが自然だろう。

仕方なくその場はいったん中断し、後日仕切り直すことになったという。

その後も親戚たちが代わる代わるS美の家に行って様子を確かめたが、やはり家の中にもS美の姿は見つけられなかった。

こうなるともう、残念ながら考えられることはひとつだ。


きっとS美はどこかで母親の後を追い、自殺をしたのだろう……。

結局、そんな憶測もあってか、伯母の火葬に関してはうやむやなまま放置される結果となった。

しかし、それから一か月ほど経った頃、S美が家にいるらしいという噂が流れ始めた。

そしてある男性が親戚を代表してS美の家に向かった。

家の中には噂通りS美がいた。

それも先日火葬場で錯乱していた時の彼女とはまるで違い、別人のように明るい表情をしていた。

男性は、そこでS美から思いもよらない言葉を聞かされた。

「おじさん、実はね……お母さんが生き返ったの！　やっぱりあの時、私が火葬を中止させて正解だったわ」

男性は内心動揺していたが、それならば会わせてくれるかなと頼んでみた。

だが、S美は頑なに首を振り、それを拒んだ。

「ううん……まだ駄目よ。まだ完全にはなっていないから」

男性はひとまずそれ以上何も言い返さず、そのままS美の家を後にした。


帰ると、男性はS美の家で感じたことを親戚たちに細かく話して聞かせた。

そして、何よりもS美の様子がおかしいと、懸命に説明した。

S美はとにかく元気に明るく振る舞っていたが、それと反比例するかのように体は痩せ細り、頬の肉は骸骨のようにこけ、髪も抜け落ちてしまっていた。まだ四十そこそこだというのに、とても正視できない姿だった、と。

それからは、親戚たちが入れ代わり立ち代わりでS美の家を訪れて、何か決定的なものを探ろうとした。

しかし、相変わらず、生き返ったという母親には会わせてもらえず、S美の体はさらに痩せ細り、もはや生きているのが不思議な状態に見えた。

親戚たちは根気よくS美のことを見守り、何か手掛かりは掴めないか、じっと様子を窺っていた。

そして、ある日とうとう、決定的な光景を目の当たりにする。

窓の影から家の中を窺った際、確かに家の中にはS美の背後について回る母親の姿がはっきりと見えたのだ。

――亡くなったはずの伯母が本当に生きていた！

その噂はすぐに親戚中に知れ渡り、次の日曜日に数名がS美の家を訪問した。

しかし、伯母の姿が目撃されてから数日しか経っていないのに、玄関の呼び鈴を押しても何の反応も返ってこなかった。こんなことはS美が帰ってきてからは一度もなかったはずである。

そこで玄関の引き戸を引いてみると、意外にも鍵は掛かっていなかった。

「ごめんください。S美ちゃん、入るよ？」

親戚たちは声を掛けながら、慎重に家の中へと入っていった。

そこで見つけたのは、S美の変わり果てた姿だった。

既に死後二週間以上が経過しており、かなり腐乱が進んでいた。

それなのに、どうしてほんの数日前に伯母と一緒にいるS美が目撃されたのか？

謎は深まるばかりだった。

そしてもうひとつ、警察が家の中を調べると、完全に肉が腐り落ちた骨に、粘土細工のように油粘土で肉付けされ、復元された伯母の遺体が見つかった。

親戚たちは恐れおののき、急いで伯母とS美を荼毘に付したそうだが、火葬の間中、窯の中からは、低い呻き声が聞こえ続けていたということだ。

ここまで聞くと確かに恐ろしい話なのだが、彼女が実家へ帰省しない理由とどういう因果関係があるのか、そこのところがよく分からなかった。

率直にそれを尋ねてみると、驚くべき返事が返ってきた。


伯母さんもS美さんも、どうやらまだ死んでいないようなんです。

二人で親戚の家を回っては、背後に現れるんです。

道連れを探して……。

既に、その姿を見た親戚が三人も亡くなっています。

引越しをしても付いてくるみたいですけれど、不思議と四国という境界からは出られないらしくて。

だから、私たちはもう二度と四国には戻れません。

私も過去に一度だけ背後に付かれてしまっているんです。

「ほら……」

そう言って彼女はワンピースの肩越しにある大きな傷跡を見せてくれた。

俺にはその傷跡がとても深く長い爪で抉られた傷のようにしか見えなかった。

鬼は存在する

鬼というモノが本当に存在していたのか、否か。

確かに日本中に「鬼」と伝わるミイラや手足の剥製が残されているし、様々な逸話が語り継がれているが、その反面、鬼というのは船に乗って日本にやってきた外国人のことだったとする説もある。

確かに昔の日本人はかなり小柄だったから、初めて目にした大柄な外国人に恐怖を感じ、「鬼」と認識したとしても不思議ではない。黄色人種とは違う赤みを持つ顔を、赤鬼と表現したという説明もなるほどと思う。

しかし、本当にそうだろうか？

鬼というのは人間の天敵として、恐れられ疎まれる存在なのだ。

人を食らい、天を駆け、不思議な妖力も使える。

幼い頃からそう聞かされて育った俺は、やはり鬼というモノの存在を信じてきた。

そして以前、それを裏付けるような体験談を聞かせてもらった。

その話を書いてみようと思う。


俺の知人に発掘作業が好きな男性がいる。

別に考古学や古代遺跡に興味があるわけではなく、単純に「発掘」という作業が好きなのだという。

テレビや映画で発掘している風景が映ると、自分もやってみたくて仕方なくなる。

そんな彼は一時期勤めている会社が倒産し、失業手当を貰って生活していた時期がある。

そして再就職のための活動をしていた時、本来はやってはいけないバイトに手を出してしまったのだという。

ただ、それはお金目当てというよりも、この機会に前から夢だった発掘作業をしてみたいという思いからだった。

そして思っていたよりも簡単に、発掘作業のバイトというのは見つかるものらしい。

発掘調査といえば歴史的な遺跡や遺物を丁寧に掘り起こし、綺麗な状態にして色々と考察するというイメージがあるが、実際にはかなりの肉体労働だという。

特にバイトである彼らが行うのは真夏の炎天下で、地面を掘り起こして何かを見つければすぐに現場にいる研究員に連絡をするだけ。

そこからはバイトの出番はないそうで、つまり地面を大まかに掘り起こすだけという、単純な肉体労働にすぎないのだそうだ。

実際彼も炎天下の暑さで気が遠くなり、死ななかったのが不思議なくらいだったと笑っていた。


それはある秋の日のことだった。

彼はいつものように、上司からの指示で縄文時代と推測される遺跡の発掘調査に精を出していた。

かなり大きな発掘現場で相当な人数での作業だったそうだ。

すると、地表から一メートルほど掘り返した地点で、大きな石が見つかった。

ゴツゴツした丸い石は何かの造形が施されているように見えた。

これは何かの大発見かもしれないと思った彼らは、慎重に石の周りに堆積した土を取り除いていった。

そして、それが石とは違う材質の何かで形づくられた顔のようなものだと分かった時、一緒に作業していた者たちは皆、固まった。

それはどう見ても、何かの頭にしか見えなかったという。

しかも、動物でも人間でもない何か……。

そう、それは昔話で見聞きした鬼の頭にしか見えなかったのだという。

頭の天辺には二本の大きな角が生えており、石に見えたそれ自体が緑と青の混ざった硬い皮膚のようにも感じられた。

そして、土がまだ付着しておりはっきりとは断言はできないのだが、そこには眼や鼻や口を連想させる隆起があるのも確認できた。

ただ、眼の位置の窪みはひとつだけだったようで、もしかしたら眼がひとつしかなかったのではないか、と彼は言った。

その場にいた全員が大発見の喜びというよりも、見つけてはいけないモノを見つけてしまったような恐怖心に飲み込まれ、その場から少しずつ離れていった。

それでも、その発見を報告しなければならないと思い、彼は慌てて本部に連絡を入れた。

しばらくすると、県の施設から数人の担当者がやってきた。モノを見ると、いったん現場を封鎖して何かを話し合っていたが、その後完全に現場がシャットアウトされてしまい、誰もその場所に近づけなくなった。

彼も含めた全員が他の発掘現場に回され、しばらくは戻ることができなかったらしいが、ちょうど半年後に全員がその現場に戻された。

しかし、その時には全員がその場に集められ、以前、この場所から発掘された物は自然にできた奇妙な形の石だったと説明された。

そして、誤解が広まらないためにも、その石に関しては絶対に他言しないように、と念押しされたのだという。

しかし、再びその場所の発掘を開始した時、誰もがその様子に驚き、全員が同じことを考えたという。

あの奇妙な形の石が発見された場所は、普通では考えられないほど深くまで掘り進められ、底がはっきりとは見えないほどになっていた。

そして、その穴の深さは、もしもあの物体が鬼の頭なのだとしたら、ちょうどその胴体部分を掘り出したような深さであり、幅だった。

だから、その穴を見た全員がこう思った。

やはり、あれは鬼の頭だったんじゃないのか？

そして、その下には胴体も埋まっていたに違いない……と。


しかし、はっきりと緘口令が敷かれている以上、それについて話すことはご法度だった。

しかし、それからだ。

現場で怪我人が続出するようになり、重い病気にかかって寝たきりになる者まで現れた。

そして、当時の現場監督だった県の職員が急死したのを機に、その現場は完全に閉鎖され発掘調査は中断されてしまった。

それからも彼は他の現場を幾つも渡り歩いたが、ある時、どうしてもあの時の現場が気になってこっそり行ってみると、辺りは完全に元通りにされており、大きく掘られた穴も綺麗に埋め戻されていた。

しかも、あの穴があった場所には何かを封印するように大きなしめ縄が張り廻らされさていたそうだ。

そして、その場所にはこんな立札が立てられていた。

「私有地につき立ち入り禁止」

その穴の中に鬼が埋め戻されたのか、それともどこかで研究材料になっているのかは分からない。

だがいまだにその件について、国からも県からも何の発表もされていないのが一番恐ろしいのだと彼は話してくれた。

消えた人形

その人形は彼女が三歳の頃に祖母に買ってもらったものだった。

かなり大きな市松人形。

どうせ買ってあげるならできるだけ良いものを――。そう思って祖母はその人形を彼女に買い与えたそうだ。

ただ、当の彼女はその人形を一目見ただけで怖く感じてしまい、ケースにしまったまま押し入れの奥に入れられたままになっていた。

それから数年が経ち、祖母が亡くなった際に急にその市松人形を思い出した。彼女は祖母からの思い出の品として、その人形を押し入れから引っ張り出してみた。

すると、あれほど恐ろしく感じた人形がその時はとても愛らしく感じ、自分はどうしてこんな可愛い人形をずっとしまい込んでいたのかと不思議に思ったという。

亡くなった祖母からプレゼントされたということもあり、彼女はそれ以来、ガラスケースに入った状態の市松人形を自分の部屋の箪笥の上に飾っておくことにした。

しかし、実際に部屋の中に人形を置いてみると、どうも落ち着かない。

常に誰かから見られているような気がするのだ。

そんな感覚を覚え始めたのは、間違いなくその市松人形を部屋の中に置くようになってからで、原因はその人形としか思えない。

だから彼女は再びその人形をガラスケースに収めたまま木箱の中に戻し、押し入れの中にしまっておくことにした。


それから数日は何も起こらなかったという。

しかし、しばらくすると彼女はいつも深夜に目が覚めるようになった。

目を覚ますと、すぐに異変に気付く。

押し入れの中からごそごそと音が聞こえているのだ。

ネズミだろうかと思ったが、もしネズミだとしたら怖くて調べる勇気がない。

そこで翌日、父親に頼んで押し入れの中を調べてもらうことにした。

結果、ネズミは見つからず、ネズミがかじったような形跡もなかった。

原因は分からずじまいだったが、以来、彼女は毎晩深夜に目が覚めてしまい、そのたびに押し入れの中から聞こえてくる音に悩まされるようになった。そのまま朝まで一睡もできないので体もつらい。

ただ、彼女には心当たりというか、気になるものがあった。

それはやはり、あの市松人形だった。

ある日曜日の昼間、彼女は意を決し、その市松人形を押し入れから取り出して確認してみることにした。

押し入れから木箱を出し、さらにガラスケースを取り出す。

「きゃああ！」

中の人形を見た瞬間、彼女は大きな悲鳴を上げてしまった。

市松人形が、以前に見た時とは明らかに違うものになっている。

髪はぼさぼさに伸び、その顔には憎悪の感情が迸っていた。

着ている服もどこか薄汚れているように見える。

何より怖かったのは、ガラスケースを木箱から取り出した際、目が合ったのだ。人形は彼女を睨むようにギョロっと目を動かしたという。

彼女の悲鳴を聞き付けて、何事かと両親が部屋にやってきた。

彼らもその人形の姿を見て思わず固まったという。

「これは……処分したほうがいいんじゃないか？」

父が絞り出すような声でそう言った。亡くなった祖母には申し訳ないが、目の前で起こっているのは明らかな怪異だ。それも禍々しい。

悪足掻きと思いつつリサイクルショップに持ち込んでみたが、買い取りはおろか、タダで引き取ってくれるところもなかったという。

諦めた両親は、その人形を古い廃寺の境内にそっと置いてきた。言うなれば不法投棄だ。悪いことだとは十分認識していたが、ゴミとして捨てるのも恐ろしく、何よりも一刻も早く自分たちから遠ざけたい想いが勝った。

帰宅した両親はすっかり疲れ果てていたが、「もう心配しなくていいんだよ……」と彼女に言ってくれた。

しかし、その日の深夜、やはりまた彼女は目を覚ましてしまう。

とてつもなく嫌な胸騒ぎがして、フッと目が開いてしまったのだという。

耳を澄ますと、今日は押し入れの中からではなく、廊下から何かが近づいてくる足音が聞こえてきた。

裸足ではない。何か履き物を履いているような、ペタン……ペタン……という足音。

きっと両親が何かしているのだと思った彼女は、そっとドアを開いて廊下を見た。

廊下には明かりすら点いてはいなかったが、何かがゆっくりと両親の寝室のほうへ歩いていく後ろ姿が見えた。

着物を着た背中がぼんやりと浮かび上がる。

彼女にはそれが、あの市町人形の後ろ姿にしか見えなかった。

彼女は一気に血の気が引いていくのを感じた。

そして体中がぶるぶると震えだし、うなじにびっしりと鳥肌が立つのを感じていた。

彼女はもう、恐怖で押しつぶされそうだった。

(どうすればいいの……？)

思案した彼女がとった行動は、窓から小屋根に出て、朝が来るのを待つということだった。

両親のことは勿論心配だったが、彼女にはその人形がなぜか自分を探しているように感じられて仕方なかったのだという。

だから、このまま自分の部屋にいるべきではない……外に出て様子を見よう。

いざとなれば小屋根から飛び降りて逃げればいい。この高さであれば、骨折程度ですむだろう……。

そんな思いで朝まで震えていた。

しかし、それからどれだけ待っても家の中からは何の物音も聞こえてこない。

彼女は家の中の様子を探ろうとしてそっとカーテン越しに部屋の中を覗いた。

その刹那、彼女は心臓が止まりそうになった。

体がびくっと跳ね上がり、慌てて口を塞ぎ、悲鳴を押し殺した。

彼女がカーテン越しに部屋の中を覗き込んだ時、確かにこちらを覗いている顔と目が合った。

それは、あの市松人形のギョロっとした目だったという。

彼女はそのまま固まってしまい、朝まで小屋根の上でガタガタと震えながら過ごした。

朝になり、母親がバタバタと部屋に走り込んでくる音に反応して、ようやく部屋の中へと戻れた。

母親は完全に気が動転していた。

彼女の父親はその朝、布団の中で死んでいた。

その顔は明らかに恐怖に引きつった顔だったそうだ。

それから、人伝てに富山の住職を紹介され、現在その市松人形は住職の寺に安置されている。

彼の寺の一番奥にある、危険な物ばかりを封印する部屋に……。

ただ、それから半年経った頃、寺に安置されていた市松人形の行方が分からなくなった、と連絡が入った。

幸い、いまのところ彼女の身辺でおかしなことは起きていない。

それでも彼女は、いつかまたその市松人形が自分の前に現れるのではないかと、不安に怯える日々を送っている。

人形の家

これはブログの男性読者の方から聞かせていただいた話になる。

ある時、彼が勤める会社にＨという男性が中途採用で入ってきた。

年齢も近かったせいか、彼は親身になって色々と教えてあげたそうだ。

そのうち会社帰りに一杯飲みに行くようになり、Ｈのプライベートに関してもよく聞かされるようになった。

話によると、Ｈに子供はおらず、奥さんと二人きりで郊外の古い戸建てに暮らしているらしい。奥さんは体が弱く、ずっと家から出ずに生活をしているため、買い物などもすべて、彼が会社帰りに済ませているということだった。

（そうか、色々と大変なんだな……）

思いもよらなかった家庭事情に、彼は少ししんみりとしたという。

ある夜いつものようにHと飲んでいると、「これから家に飲みに来ませんか？」と家飲みに誘われた。

「いや、奥さんに迷惑だろう？　悪いよ……」

彼は、家で寝ているだろう奥さんに遠慮してそう言った。

ところが、その時のHはいつもと違い、なぜか必死に彼を誘ってきたという。

結局、彼は断りきれなくなり、そのままタクシーでHの家に行くことになった。


「けっこう遠くから通勤してたんだな」

「ええ、まあ」

元々、家は郊外にあるとは聞いていたが、それでも驚くほど辺鄙な場所だった。辺りに隣家と言える家はなく、森の中に建っているという形容がピッタリな様子だった。

その時、乗ってきたタクシーが、彼らを降ろした後、まるで逃げ去るように戻っていったのが何となく引っかかった。まるで一刻も早くその場から逃げ出したいというような感じに見えたのだ。

Ｈの家は一階が真っ暗な状態で、二階にだけぼんやりと明かりが灯っていた。奥さんが二階にいるのだろう。

Ｈの先導で家の中に入った瞬間、家の中からひそひそと話をしているような声が聞こえてきたが、すぐに消えた。気のせいだろうか。

しかし、まるで何かが息を殺して彼の様子を窺っているような奇妙な緊張感を覚えてしまう。

驚いたのは家の中に置かれている人形と、その数だった。

玄関、廊下、そして招かれて入ったリビングにも無数の人形が鎮座している。単にコレクションと言うには一貫性がなく、ぬいぐるみのようなものからソフトビニールの着せ替え人形、フランス人形に日本人形と、人形と名の付くものなら手当たり次第といった感じだった。

とりあえずリビングで飲み始めるが、やはり人形たちに見られている気がして落ち着かない。

しかもリビングにはテレビすらなく、家具と呼べるのは、彼らが座って飲んでいるソファとテーブルがあるだけという状態だった。

（この家の家族は……いや、Ｈはこの家で本当に生活しているのか？）

そんな疑問すら湧いてくる。

そして、もうひとつ異常なことがあった。

リビングで飲んでいると、何度も二階から、ドンドン！　ドンドン！　という音が聞こえてくるのだ。

床か壁を叩くようなその音が聞こえるたび、Ｈは慌てて二階へと上がっていく。

そしてしばらくするとまた戻ってきて、

「ごめん、ずっと家にいるせいか我が儘になっちゃって。呼ばれたらすぐに行かないと、怒るんだよ、うちの妻……」

空笑いでそう繰り返すＨは、明らかに何かに怯えているように見えた。

なんだかよく分からないし、彼も不安になってくる。

「やっぱり俺、帰るよ。これ以上、奥さんの機嫌が悪くなる前にお開きにしよう」

そう言って腰を上げかけると、彼は焦った顔で止めてくる。

「いや、妻からは許可も出てるし、今夜は泊まってってもらえって言われてるから。このまま帰してしまったら俺が怒られちゃうよ……」

両手を合わせるように懇願され、彼は仕方なく浮かせかけた腰をソファに戻した。確かにその日は金曜で、翌日は仕事も休みだし泊まっていっても問題はない。とはいえ、彼としては適当な時刻まで付き合ったら泊まらずに帰るつもりでいた。

そんなことを考えながらまたしばらく酒を酌み交わす。

何度も同じことが繰り返され、それが七、八回にも及ぼうかという頃、そろそろ潮時だなと彼は判断した。

「やっぱり今夜は帰るよ。よく考えたら明日の朝、早くからやらなきゃいけないことがあったのを思い出してさ」

するとHは一瞬、絶望的な顔になり、早口にこう取りなしてきた。

「それじゃ二階へ行って妻の用事をさっさと済ませてくるから。せめて戻ってくるまでは待っててくれないか？」

そう言ってきたという。

彼としてもそう言われてしまうと断る理由もない。タクシーを呼ぶ時間だってある。

だから、とりあえず二階から彼が下りてくるまではそのまま待つことにした。

ところが、どれだけ待ってもHが戻ってこない。

さすがに痺れを切らした彼は廊下へ出ると、二階に上がる階段を探した。

しかし、どこをどう探しても階段らしきものが見つからない。普通の家の構造なら廊下の位置からしてこの辺だろうという場所があるはずだが、あっちへ行ってもこっち行ってもそれがない。

（どうなってるんだ、この家……）

酔いのせいか、軽い眩暈がしてきた。彼はHの名前を呼びながら、家の中を探し回った。

しかし、Hからの返事はなく、そのうち突き当たりの部屋の前に出た。

そこで、確かに彼は、聞いたという。

部屋の中でひそひそと誰かが話している声を……。

酔いが回っていたこともあり、少し大胆になっていたのかもしれない。

「すみませーん。誰かいますかぁ？」

そう声を掛けながら、その部屋の引き戸をゆっくりと開いた。

刹那、一瞬にして酔いは飛び、彼は凍り付いた。

部屋の中には沢山の人形が置かれており、その中に埋もれて等身大の女性の人形が壁にもたれ掛かるようにして座っていた。

そして、彼は見てしまった。

彼が部屋の引き戸を開けたことに気付いた瞬間、その等身大の女性の人形がゆっくりと立ち上がろうとしているのを。

彼はもう腰が抜けたようになってしまい、その場にへたり込んだまま、背後にずり下がるようにして廊下へ出た。

そしてそのまま転がるように玄関まで辿り着くと一気に靴を履いて外へと飛び出した。その際、視界の端で女の人形がゆっくりと部屋から歩み出てくるのが見えたという。

彼はそこから死に物狂いで走り、できるだけ大きな通りまで辿り着くと、何とかタクシーを捕まえて自宅まで帰ることができたそうだ。

翌週の月曜日、Hは会社に来なかった。

そのまま無断欠勤は続き、上司に頼まれた彼は別の同僚と一緒に、営業車でHの家へ安否確認に向かった。

しかし、玄関の鍵は掛かったままで、呼び鈴を押しても反応がない。

仕方なく帰ろうとして、ふと二階の窓に目を向けた彼はざっと冷水を浴びせられたかのように戦慄し、慌てて同僚を引っ張りその場を立ち去った。

二階の窓から、無数の人形らしきものがこちらを覗き込んでいたという。

鏡の部屋

鏡がない家など現代においては探すのも難しいだろう。

洗面台や浴室にはあらかじめ鏡が備え付けられているし、部屋には鏡台が、玄関や廊下に姿見がある家も多いだろう。

しかし、知り合いの霊能者Aさんに言わせると、鏡を当たり前に感じるのは危険なことだという。

つい最近もこんなことを言っていた。


いいですか、Kさん。鏡というものは元々は祈祷や占い、呪詛などに使用する神器のひとつだったんです。

位の高い者しか所有できませんでしたし、神職や呪詛師しか使用を許されなかった時代もあるくらいです。勿論、かなり古代の話ですけどね。

でもね。時代は変わっても鏡が持っている危険な部分というのは何も変わっていないんですよ。

確かに鏡は便利です。

自分の姿や顔を簡単にチェックできますし、化粧する時に鏡を見ない人などいないんでしょう。

ただ、ひとつだけ忘れてはいけないのは、鏡というのは「こちらの世界」と「あちらの世界」を繋いでいる物だということです。

つまり此岸と彼岸を行き来するために使われる入り口が鏡だということです。

だから、もしもこの世から鏡という鏡をすべて失くすことができたとしたら、怪異もずいぶんと減ると思いますよ。

まあ、その仮定にはかなり無理がありますけどね……と。


こうした鏡に関するAさんの言葉を裏付けるような出来事が過去にあった。奇しくも、Aさんと俺、二人で体験した出来事でもある。

今回はその時のことについて書いてみたいと思う。

それは古くからの友人である、富山の住職からの依頼が発端だった。

「ワシにはもう手に負えんから助けてくれ……」

そう泣きつかれたAさんと俺は、金沢から車で隣県のとある農家へと足を運んだ。

住職の話では、その家では不審死が続き、その遺体はまるで獣にでも食い散らされたような無残な状態で発見されているという。

信じられないかもしれないが、「獣に食われたような」という死体の表現は、怪が絡んだ事件では何度も耳にしてきたし、これまでのシリーズでも幾つかの話で書いてきた。つまりは人間の仕業ではないということだ。

最初に亡くなったのは、その家の百歳近いお婆さんだった。

何か変わったものを信仰していたらしく、家の中にはその信仰に使っていた「開かずの間」があったそうだ。

住職がその家を訪れてからも不審死は止まらず、開かずの間に立ち入ることすらできなかったという。

開かずの間は不思議な力で守られているのか、どんな方法を使ってもまったく開こうとはしなかった。

その後も家族の死は続き、とうとうその家に住む者はいなくなってしまった。

住職はひとりも救えなかったという事実に打ちのめされ、ずっと自分を責め続けていたというが、怪異がその家を取り壊そうとした解体業者にも及んでいるという話を聞き及び、やはりこのまま放置することはできないと俺を通じてAさんに助けを求めた。

「何とか、亡くなられた家族の無念を晴らしてやってほしい」

珍しく気弱な住職にそこまで言われては断れない。近隣では「呪われた家」と呼ばれる件の農家へはるばるやってきたわけだが、当然俺に策などあるはずもなく、頼みの綱はAさんただひとりだった。

だが、無力な俺でもその家に近づくにしたがってどんどん体が重くなっていくのは、はっきりと感じられた。正直、かなりきつい。

「さすがに〝呪われた家〟と言われるだけ、あるよね……」

どんよりと俺がそう言うと、Aさんはいつものごとく鼻で笑った。

「なんですかその〝呪われた家〟って。呪いは家なんかにとり憑きませんよ。もし本当にこの家に呪いがあるとしたら、呪った者の「気」がいまも残っているだけです。その呪いが何をしたがっているのかさえ分かれば、何ということはありませんから」

そんな会話をしているうちに、家の中には簡単に侵入することができた。

そもそも解体途中だったため、外壁に壊しかけの大きな亀裂が開いており、その隙間から中に入ればよかったのである。


中は異様なほど暗かった。

人が侵入できるほど大きな穴が開いているにも拘らず、外の光がまったく差し込んでこない。これは念のため持ってきていた懐中電灯の出番かと、スイッチを入れようとしたところでAさんに止められた。

「明かりはないほうがいいです。そのほうが悪いモノがはっきりと見えますから……」

いや、別に見たくないんだけど……という言葉を飲み込み、俺は黙って懐中電灯を下ろす。

Aさんは暗さを気にすることなく、本当に普通にすたすたと歩いていく。

俺は置いていかれないよう必死にAさんの後をついていくが、それでも色んな物に躓《つまず》いては、「うわっ！」と大きな声をあげ、その都度Aさんから睨み付けられていた。

しばらくして、長い廊下を右に曲がったところでAさんが立ち止まった。

「ここ……ですかね」

そう言うと、俺を手招きして、大きな観音開きの扉の前へ呼び寄せた。

「ちょっと開けてみてもらえますか？」

そう言われ、俺は左右の取っ手に手を掛けて、力いっぱい手前に引いた。

動かない。

今度は力いっぱい押してみる。

結果は同じ、びくともしなかった。

「もしかしてここが開かずの間の入り口なの？」

そう聞くとAさんは、

「もしかしなくても、ここが開かずの間でしょうねぇ。だっていま、Kさんが押しても引いても開かなかったじゃないですか。開かない扉がある部屋を「開かずの間」って言うんですよ。知りませんでした？」

相変わらず人を小馬鹿にしたような物言いだが、それがAさんの通常運転だ。彼女頼みのこの状況で文句など言えるはずもなく、俺は平常心を保った。

「じゃあ、どうやって開けるの？　住職でも開かなかったんでしょ？　あいつの馬鹿力でも開かなかったんだったら無理なんじゃないの？　それに、もしも扉が開いて中に何かとんでもない奴がいても嫌だし……」

尻込みする俺にAさんの冷ややかな態度は変わらない。むしろ心なしか生き生きしてきたように見える。

「あのね、Kさん。力任せにやって開くのなら、開かずの間とは言わないですよ。だいたい住職もそんな意味で私に開かずの間を開かせようとしたんではないと思いますが？　それにこの扉の奥に何かがいるならラッキーじゃないですか。手間も省けるし。まあ、見てください」

そう言うと、Aさんは自分の両手を扉に押し付け、掌を扉の形に沿って動かし始めた。

そして、しばらくすると、

「はい、もう大丈夫だと思いますよ。私、非力なのでKさん、開けてもらえますか？」

と涼しい顔で言ってくる。

撫でただけで開かずの間が開いてたまるかよ、と思いながら、最初と同じように扉を引いてみると、あっけなくこちら側へと開いてしまった。

先ほどまでびくともしなかったのが嘘のように軽く、だ。

ぽかんとする俺をよそに、Aさんはさっそく部屋の中を見回し、「あらら……これは凄いことになってますね」と呟きながら、ずかずかと中へ入っていく。

俺も後に続こうとしたが、目の前の光景に圧倒され、思わず足が止まってしまった。

部屋の中には大きな鏡が足の踏み場もないほどに置かれていた。

特別製なのか、どれも部屋の床から天井に届くほどの大きさである。

どこか古代の鏡のように表面がガサガサしており、そこに映り込む姿も微妙に歪んでいた。

「ほお、これはかなり本格的な……」

Aさんは何やら独り言を呟き、ひとつひとつ観察して回っている。

その間、俺は扉の内側や床にまで貼られている鏡の異様さに言葉を失っていた。

すると、Aさんはまた俺に手招きしてこっちに来てみろ、と合図する。

俺は言われるがまま、Aさんの所まで歩いていった。

「どうしたの？　何か見つけた？」

Aさんは自分が立っている場所を指さして、何とも言えない笑顔を見せる。

「ちょっとここに立ってみてください。なかなかお目にかかれないものが見れますから」

そう言って俺をその場所に立たせた。

「何が見えますか？」

「何がって……こんなに沢山の鏡があるんだから鏡しか見えないでしょ？」

呆れ半分にそう返すと、Aさんのあやしい笑みが深くなる。

「ふぅん、そうですか。じゃあ聞きますけど、こんなに沢山鏡があるのに、自分の姿が映っている鏡はありますかね？」

言われて、ハッとした。

もう一度まじまじと周囲の鏡を見渡してみる。

信じられない。どの鏡にも自分の姿は映り込んでいなかった。

「嘘でしょ……」

Aさんが映り込んでいる鏡はある。

だが、俺が立っている位置からは、自分の映り込んだ鏡は一枚も確認できなかった。

Aさんが口を開く。

「つまり、今回の結論はこんな感じです。きっと最初に亡くなったお婆さんが変な古書でも見つけて誰かを呪おうとしたんでしょうね。誰かを呪う時に、自分にまで禍《わざわい》が及ばないようにあの位置で呪いの儀式を行っていた。自分の姿が見えないということは、相手からも自分の姿が見えないということですから。

　恐らく最初はうまくいったんでしょうね。だから、ここまで本格的な部屋を造った。でも、人間ひとりが制御できるほど呪い、しかも古代の呪いは甘くないですよ。気付いた時にはもう手遅れで、自分自身も完全に取り込まれてしまってたんじゃないですかね。きっと亡くなった時には既に人間ではなくなっていたはずです。

　怖いのは、お婆さんが死んでからも呪いは生き続けるってことですよ。結果として家族全員が犠牲になって、それでもなお呪いは消えていない。だから鏡なんか使うもんじゃないんです。鏡は昔から現世と死者の国とを行き来するための道具なんですから。水に自分の姿を映す程度にしておかないと、鏡に魅入られて痛い目に遭う。Kさんも家には鏡を置かないほうがいいんですよ、本当は」

　色々と分かったような、まだ分からないような……。だが、いまはこの事態をどうするかが先だろう。それが気になって仕方なかった。

「で、どうやって処理するの？」

一足飛びに結論を求める俺に、Ａさんはやれやれと肩をすくめてみせた。

「まあ、結局こうするしかないわけですよ」

Ａさんはそう言うと、どこから取り出したのか、手に持った金槌をブンブンと振り回す。

そのまま嬉々として鏡を壊すのかと思ったら、そうではなかった。

部屋の中に落ちていた大きな布を鏡に被せて、その上から小さく金槌を叩き付ける。

確かにバキッという音がして鏡が割れたのが分かったが、何事も豪快な彼女らしからぬ壊し方だった。

「もっと思いっきりやらなくていいの？」

思わずそう訊いてしまった俺に、彼女は頷いた。

「この鏡の場合、これでいいんです。一か所でもヒビが入れば、それで十分。上から布を被せたのは、鏡を割ったのが誰なのかを分からせないためです。そうしないと危険ですからね」

そう言って彼女は同じ動作を繰り返し、端からひとつひとつ鏡を割っていく。

最後の鏡を割り終える頃には、さすがのＡさんにも疲れが見えていた。

「それじゃ、さっさと出ますよ。ここはまだ人間がいても良い場所ではありませんからね」

その言葉に改めてぶるっときた俺は、逃げるように鏡の部屋を後にし、来た道を通って外に出た。

先ほどより少しだけ体が軽くなっている気がする。

「これで悪いモノは外に出てこられないはずです。入り口となる鏡をすべて割って道を断ち切りましたから。でも、しばらくは立ち入り禁止にしておいたほうがいいですね……」

金槌でぽんぽんと掌を叩きながら、Aさんは存外真剣な顔でそう呟いていた。

恐らく最初から金槌を用意していったであろうAさん。

彼女の知見と力を改めて感じた事件だった。

ドローン

これはブログの男性読者から寄せられた話になる。

彼の勤め先は広告業界なのだが、最近急激に増えている仕事があるという。

それはドローンを使用した航空写真の撮影だそうだ。

特に学校関係や商業施設、自治体からの依頼が多い。初期の頃は安い機種でなかなかうまく操作できなかったそうだが、需要に従って高性能な高級機も使用できるようになり、彼自身の操作の腕前も格段に向上したという。

ある時、彼はとある町会からの依頼を受けて町全体のドローン撮影に臨んだ。

その町は市内の外れに位置していて、最近になって開発が進んできたものの、まだ古い町並みが残っており、いまのうちに上空からの撮影をして、歴史のある町の風景を記録に残しておきたいということだった。

ドローン撮影当日は快晴で、作業は順調に進んでいった。撮影自体は午前中終了し、午後からは撮影した映像と画像を依頼主に確認してもらい、編集作業の打ち合わせに入ることになった。

ドローンの性能と好天のお陰で出来は上々、かなり鮮明に撮れた映像に依頼主も喜んで映像に見入っていた。

しかし、途中から依頼主の顔が明らかに曇った。突然黙り込んだかと思うと、暗い顔で画面を見つめている。どうしたものかと様子を窺っていると、ようやく依頼主が口を開いた。

「すみません……この映像はなぜ加工されているんですか？」

思いもよらぬ質問に彼は一瞬面食らった。

当然のことながら、映像に加工など施していない。そうしなければならない理由などないし、何よりそんな時間の余裕はなかった。撮ってすぐ、そのままを見せているのだから。

彼はそう説明したが、それを聞いた依頼主たちはさらに険しい顔つきでこう返してきた。

「でもね、この映像にはあるはずのないものが映っているんですよ！　もう十年以上前に取り壊されたはずの建物が……」

そんなことを言われても、彼としは納得がいかない。

どこがどうおかしいのか詳しく言ってくれと説明を求めた。

すると、依頼主はいったん映像を止め、町の外れのとある地点を指さした。

「ここです。現在ここはもう道もなく、道の先にあった家も取り壊されているはずなんですよ?」

とどこか怯えた表情で訴えてきた。

しかし、彼が撮影した映像には鬱蒼とした森を抜ける細い道と、その先に建つ赤い屋根の家がはっきりと映り込んでいた。

ドローンがありもしない映像を撮るなどという話は聞いたことがない。

それなら、ということで、彼は実際に車で件の場所まで行ってみることにした。

ところが、あれほどはっきりと映っていたはずの道が見つからない。

いや、ないことはないのだ。うっすらとではあるが、かつて道があったことは確認できた。だが、鬱蒼とした木々に覆われてほとんど消失しており、上空からあれほどはっきりと映ることは考えづらい。当然ながら、先に進めるような状態でもなかった。

彼は地図と映像を何度も確認したが、その場所は間違いなく赤い屋根の家に続く小道が映っていた場所だった。

仕方なく、彼は再度その町のドローン撮影を行った。

結果、その映像には特に不可思議なものは映り込んでいなかった。つまり、最初に撮った映像に映り込んでいた森の小道と赤い屋根の家は、二度目の撮影では映らなかったのである。

依頼主も二度目の映像に納得し、無事仕事を完了させることができた。

しかし、彼の中では疑問がわだかまったままであり、それからも時間を見つけてはその町に出かけて色々と調べてみた。

そして、鬱蒼と木々が茂り、人の侵入を拒むかのようになっていた例の道にも分け入ってみることにした。

がさごそと草をかき分け進んでいくと、ぽっかりとした空き地に出る。間違いなく赤い屋根の家が映っていたところだと思われるが、やはりそこには何もなかった。

(何もないのに……どうして映像には赤い屋根の家が映り込んでいたんだ？)

そこのところが結局、どうしても理解できなかった。

その後も彼は納得がいかず、しつこく最初の映像を確認していたという。

そしてある時、妙なことに気付いた。

それは赤い屋根の家をズームで確認していた時のことだった。

よく見ると、家の窓から住人と思われる男女が顔を出していた。

その数は全部で五人。

全員がドローンに向かって満面の笑みを浮かべて手を振っている。

にわかには信じられない光景であった。

あるはずのない家から、住人たちがドローンのほうを見上げ、笑顔で手を振っている。

さすがに背筋が凍る思いがした。

彼はすぐに画面を消し、それ以上その映像を見るのを止めた。

オカルトマニアの友人にその話をすると、是非見てみたいと食いついてきたので、映像はそのまま彼にあげてしまった。

それでもうすっかり映像のことなど忘れていたのだが、突然そのオカルトマニアの友人から電話がかかってきた。

「なあ、あれ捨てていいか？」

それは、例の映像の廃棄処分の許可を求める電話だった。


友人が調べたところによると、その映像に映り込んでいた赤い屋根の家は、父親による一家無理心中があった家で、事件の後は取り壊され、その家へ続く道も通行禁止にされているのだと聞かされた。

だが、友人が恐れているのはそうした事実だけではなかった。

「顔が、だんだん大きくなってるんだわ……」

「え？」

「だから顔だよ……お前も見たって言ったじゃん……」

映像に映り込む家族の顔。窓からドローンを見上げる五つの顔が、見るたびに巨大になっているのだと聞かされた。


彼はすぐさま友人にその映像の処理を依頼した。

しかし、それから数週間後、その友人と連絡が取れなくなったという。家族からも捜索願が出されているようなのだが、いまだにその彼の所在は分かっていないということである。

寮の二階

大学の四年間、俺は神戸に住んでいた。

親元を離れ、生まれて初めてのひとり暮らしにワクワクしていたのを覚えている。

本当はアパートで自由に暮らしたかったのだが、親の仕送りの負担を考え、大学指定の学生寮に入居することになった。

その寮はかなり規模が大きく、全部で四つの棟に分かれていた。俺はその中でもひと際家賃が安い棟の一階の部屋を選んで入寮した。

これは親の負担をできるだけ軽くしたいといった立派な思いからではなく、大学生活はバイクとバンド、そしてバイトに精を出すことに決めていたからである。要は、帰って寝るだけだから、安いに越したことはないという程度の考えだった。

入学式が終わり一週間ほど経った頃、俺が入居した学生寮で「新入生歓迎会」という名の飲み会が開かれた。いわゆる新歓コンパである。

いまでは考えられないかもしれないが、新入生はしこたま酒を飲まされ、一発芸まで披露してその場を盛り上げなくてはいけなかった。

事前にそれを聞いていた俺は、仕方なく手品のひとつも披露しなければと思い、練習に精を出していた。

ところが当日、いざ俺の番が回ってきた時には、何も披露する必要はなかった。

それどころか、一方的に質問責めにされてしまったのである。

「なんであの棟に住もうと思ったのか？」

「住み始めて何かおかしなことは起きていないか？」

「二階へ上がったことはあるか？」

先輩たちはそれだけ俺に聞くと、今度はその場で、俺がどれくらいの期間そこに住み続けられるかという賭けを始めてしまった。

最初、先輩たちが何をそれほどまでに面白がっているのかまったく理解できなかった。

が、そこまで勝手に盛り上がられてしまうとさすがの俺でも気になってくる。

俺は、いったいどういうことなのか先輩たちに尋ねてみた。

そこで聞かせてもらったのがこんな話だ。


それはいつ頃から噂として言い伝えられてきたのか、先輩たちも知らないという。

俺が住む棟には一階に四部屋あり、なぜかその四部屋の住人だけは他の棟の寮生と、一切交流がないのだという。

その理由は俺が住む棟の二階に原因がある。

かなり以前には二階にも人が住んでいたらしいが、それは寮生ではなく大家さんの家族か親族ではないか、ということだった。

しかし、いまでは二階は立ち入りを禁じられ、階段の上り口には木材を釘で打ち付けたバリケードが設置されている。

だから、誰も二階に何があるのか分からないのだが、一階の住人である寮生は精神を病んだり体を壊したりしてすぐに大学を辞めていく。

そして、雨が降った日には昼夜関係なく、二階の窓から下方を睨み付けている若い女の影が幾度となく目撃されているのだ、と。

だから歓迎会にその棟の寮生が参加してきたのも初めてだったらしく、まだ一週間とはいえ、噂の棟に現役で住んでいる俺に興味津々なのだと説明してくれた。

よくよく考えれば、相当深刻な事態ではないかと思うのだが、その時の俺はまだ不可思議な出来事に遭遇しておらず、噂を聞いてもたいして気にはならなかった。

「きっと誰かの作り話が語り継がれてきただけじゃないんですかね？」

と笑いながら返したのを覚えている。

しかし、この時先輩たちの話を信じてすぐに別の棟に引越していれば、そのあと俺はあんな体験はせずに済んだのかもしれない……。


その夜、歓迎会が終わって自分の部屋に戻った俺は、披露せずに終わった手品道具を机に放り、先ほど先輩たちに言われたことをじっくりと思い出していた。

確かに、入学前の三月からこの部屋に住み始めたが、その時点で全部で四部屋ある一階の部屋は一部屋だけが埋まっていた。それも俺と同じ新入生だと大家から紹介された。

さらにこの部屋に案内された時、確かに大家さんからはっきりとこう言われていた。

「二階へは上がれないようになっているから、絶対に階段には近寄らないでくださいね」

と。


他の棟の部屋は毎月一万五千円の寮費が掛かるのに、この棟の部屋だけは九千円だ。

部屋の大きさも新しさもそれほど変わらないというのに、この違いは何なのか。

いくら考えても、俺にはその理由が見当たらなかった。

（もしかして……先輩の言ってた話は本当なのか？）

この棟の寮生は精神を病んだり、体を壊したりしてすぐ大学を辞めていく……。

先輩の言葉がぐるぐると頭を巡り、どんどんと背筋が寒くなってきた。

俺はそれ以上考えるのは止めて、無理やり布団をかぶってその日は寝てしまった。


しかし、その部屋に住み続けてひと月が経った頃──。

少しずつ俺の周りで異変が起き始めた。

唯一のご近所だというのに、隣室に住む同級生とはそれほど親しくなってはいなかった。岡山県出身の彼は朝起きるとすぐに大学に行き、すべての授業に出て夕方遅くに帰宅する。

対する俺はというと、バイトに追われて授業にはろくに出ず、夕方になると今度はバイクに跨り六甲山へと出かけていた。

そんな二人が顔を合わせる機会などほとんどなかったのである。

しかし、彼とそれほど親しくなれなかったのにはそれ以外にも理由があった。

一度彼の部屋をドア越しに見たことがあったのだが、部屋の中には敷いたままの布団と机、あとは冷蔵庫しかなかった。

それにどこか暗く、最初の自己紹介でも「僕は幼い頃から霊感が強すぎて……」と話していた。

正直、それまで生きてきて初めて見るタイプの人間だった。少なくとも俺の友人にはいない。

だから俺は、彼とは表面的な付き合いだけでうまくやっていこうと心に決めていた。

しかし、彼のほうは俺とばったり出くわすと挨拶そっちのけで、「風呂に入っていたら浴室の高窓から外を歩いていく女の横顔が見えた」とか、「台所に立っている女の後ろ姿を見た」といった幽霊の目撃報告ばかりを俺に聞かせてきた。

俺としては、楽しい大学生活に幽霊の話なんか持ち込まないでくれよ！　という気持ちだったから、そんな話を聞いてもただただ聞き流すのみであった。

ところが、そうも言っていられない事態がやってきた。

ある時期より、彼の住む隣室から苦しそうな呻き声が聞こえてくるようになったのだ。

俺が夕方からバイクで六甲山へ走りに行き、そのままバイトに入って帰宅するのがちょうど午前一時過ぎ。

隣室の明かりはいつも消えていたから、彼はもうとっくに寝ているのだろう、と理解していた。

だから連日聞こえてくる呻き声は、悪夢にでもうなされているのだろうと俺は解釈した。

だが、ある時、いつもの呻き声に変化が現れた。

断末魔のような彼の叫び声が聞こえた後、女の笑い声が重なったのである。

俺は思わず部屋を飛び出し、彼の部屋の前に立ったものの、そこでまた逡巡していた。

もしも悪夢にうなされているだけだったとしたら、こんな夜中に部屋を訪れるのは非常識が過ぎるだろう。

だが、先ほど聞こえた叫び声は尋常ではなかったし、確かに女の笑い声も聞こえた。

それがどうにも気味の悪い、不穏な声音だった。

葛藤の末、俺は思い切って彼の部屋のドアをノックした。

だが、その時はもう部屋の中から何も聞こえてはいなかった。

ノックに対する反応もない。

きっとまた深い眠りに落ちたと考えるのが自然だ。

となれば、そのまま自分の部屋に引き返すのが正解だったかもしれないが、俺はどうしても彼が発した断末魔のごとき叫びとそれに重なって聞こえた女の声が気になって仕方がなかった。

俺はさらにドアを数回ノックしてから、そっとドアノブに手を伸ばし回してみた。

ノブは簡単に回った。

(こいつ、鍵をかけずに寝てるのか?)

そんなことを思いながら部屋のドアを開けると、俺は恐る恐る中の様子を確認した。

……驚いた。

寝ていると思った彼が、畳に正座したままこちらを向いていた。

「あの……夜分にごめん、でも、大丈夫？　かなり苦しそうだったけど……」

小声でそう話しかけると、彼はがらがらとした声でこう言った。

「ありがとう……でも大丈夫だから君はこの部屋には近寄らないほうがいいよ……だって、危ないから」

そう言われて思わず俺はこう返した。

「危ないって、何が危ないんだよ？　毎晩苦しそうにうなされている君のほうが危ないんじゃないの？」

すると、彼は突然涙声になってこう言った。

「ありがとう……でもこの部屋にいたらきっとあいつがやってくる……。だから君まで巻き添えにするわけにはいかないんだ……」

俺は彼が何を言っているのか、まったく理解できなかった。

ただ毎晩の悪夢にうなされていただけじゃないのか？

もっと違う理由があるとでも？

しかし次の瞬間、俺ははっきりとその音を聞いてしまった。

ペタッ……ギシッ……ペタッ……ギシッ……。

何かがゆっくりと階段を上っていく、そんな足音。

人間とは言い切れない。とにかく二足歩行の何かが、裸足で階段を上っているように聞こえた。

俺はいまさっき、自分の部屋にいる時に聞いた女の笑い声を思い出した。

(さっきまで女がいたのか……この部屋に……?)

そう考えた時、俺はもうその場から動けなくなっていた。

この部屋から出て廊下を通り、また自分の部屋にひとりで戻る勇気は、見事にしぼんでいた。

せめてドアの鍵だけでも閉めようとしたところで、彼に止められる。

「K君、アレは鍵が掛かっていても普通に入ってくるから無駄だよ……だからいつも鍵はかけないんだ」

――いつでも逃げられるように。

それを聞いて俺は、朝までその場に固まって震えているしかなかった。

あの女が戻ってこないことだけをひたすら願いながら……。


どれくらいの時間、そうしていただろうか。

彼とは何も話さず、お互いまんじりともせず夜が明けるのを待った。

やがて小さな窓から朝日が差し込み、殺風景な部屋の中が新しい光で満たされた時、俺は初めて自分の部屋に戻る勇気を取り戻すことができた。

部屋を出る際、俺は彼にこう言った。

「何とかしてみる」

何か根拠があったわけではない。

ただ、初めて会った時よりもかなりやつれてしまった彼の暗い顔を見ていると、そう勇気付けることしか思い付かなかったのだ。

自分の部屋に戻ると、俺はいつもは行くことのない大学へと向かった。

別に授業に出るためではない。

大学に行き、俺が入部した自動車部の部屋に行こうと思ったのだ。そこに行けば仲間や先輩たちがいるはずだったから。

しかし、部室に行ったものの、そこにいたのは一言も喋ったことのない先輩がひとりだけだった。

「お、おはようございます」

俺がぎこちなく挨拶すると、その先輩は気さくに「おう、早いな」と返してくれた。

しかし、俺の様子が少しおかしいことに気付いたのだろう。先輩は、

「で、何かあったのか？　なんか死神にでもとり憑かれたような顔をしてるぞ？」

と、声を掛けてくれた。

その言葉に、もう俺にはその先輩しか頼れる人はいないと思ってしまった。

俺は昨晩体験した出来事をできるだけ詳細にその先輩に説明した。

俺の話を聞き終えた先輩は、何やらひとしきり頷いて、こう言った。

「うちの大学もその手の話題には事欠かないからなぁ。過去に自殺が連鎖的に起こったっ

ていう薬学部では亡くなった女子学生の霊を視たって噂が絶えないし、女子トイレに鏡がないのだって霊が映るからだっていうからなぁ。大学が経営している学生寮にも霊の目撃談が絶えないし、俺も過去に一度だけ目撃してるんだ。うん、良い暇つぶしにはなるかもしれないな！」

先輩はそのまま俺に部室に残るように言いおくと、自分はさっさとどこかへ出かけていってしまった。

ぽつねんと取り残された俺であったが、二十分ほどすると、三人の男性を連れて先輩が部室へと戻ってきた。

三人とも先輩の友人だと言うが、全員妙にガタイのいい人たちだった。

「それじゃ、さっさと行こうぜ。昼間ならその女も出ないだろうから、そのうちに何か手を打たなくちゃな」

それを聞いて俺は全身から力が抜けていくのを感じた。

彼には、「何とかしてみる」と言ったものの、何の策も俺にはなかった。

しかしいまは俺ひとりではなく、先輩たちが四人も協力してくれるというのだ。こんなに心強いことはなかった。

俺は先輩たちを連れて寮へと戻ると、すぐに自分の部屋へ案内した。

どうやらその先輩たちにも俺が住む寮の噂は伝わっていたらしく、かなりジロジロと周囲をチェックしていた。

部屋に入ると、さっそく先輩たちは何やら相談を始めた。

色々と話し合った結果、とにかく二階へ上がってみないことには話が始まらないという結論に達していた。

そして件のバリケードを張られた階段を確認すると、ひとりがどこかへ出かけていき、すぐに工具と大きな懐中電灯を持ってきた。

「じゃ、やるか」

先輩たちは躊躇いもなく階段に張り巡らされたバリケードの撤去を開始する。

どうにもこの人たちは怖いもの知らずというか、ノリが軽い。

「あの……大家さんに無断でバリケードを壊してしまったら、怒られませんかね？」

気の小さい俺は何度もそう言ったが、先輩たちの手は止まらない。

「ちゃんと元に戻しておけばバレないって！」とまったく取り合ってはくれなかった。

そうこうしているうちに、授業が終わったのか、隣室の彼が戻ってきた。

彼は、俺たちが階段のバリケードを壊しているのを見ると、さっと顔色を変えた。

俺は事情を説明するためにいったん彼の部屋の中へ入れてもらうことにした。

階段は彼の部屋の真横にある。

となれば、少なくとも彼の同意が必要だと感じた。

しかし、そこで俺はあることに気が付いた。

彼の部屋の中は明らかに俺の部屋よりも暗いのだ。

窓の向きも大きさも同じ。

それなのに、どうしてこれほど明るさに違いが出るのか……。

とにかく彼の部屋の中は息苦しいほどに暗かった。

俺は困惑している彼に今日一日の出来事を報告し、何とか説得して再び階段の下へと戻る。

ちょうどバリケードが部分的に撤去され、人ひとりなら通れそうな隙間ができたところだった。

「よし、行こう！」

先輩たちの展開はとにかく速い。工具もそのままにもう階段を上り始めている。俺も慌てて最後尾から付いていった。

「なんだここ、すげえな！」

「何のためのスペースだ、こりゃ」

先に二階へと上がった先輩たちが大きな声をあげている。

しんがりの俺もようやく二階に上がって辺りを見渡した時、まったく同じ感想を持った。

二階は完全に不用品置き場と化していた。

真っ暗な空間に無造作に積み上げられているのは家具だ。

懐中電灯の明かりが移動していくにつれ、その異様さは際立った。

昭和よりさらに古い時代のものと思われる巨大な鏡台。

中世の貴族が使っていたかのような古めかしいベッド。

そして、年代すら想像も付かないほど古く朽ちた教科書が積み上げられた山。

それらを見つけるたびに、威勢の良かった先輩たちの口からも言葉が消えていった。

何とも言えない雰囲気に包まれる中、ひとりの先輩が思い出したように口を開いた。

「確かさ、ここの二階の窓から女が外を覗いているんだったよな？　でもよ……窓なんかねえよな？」

　確かにその先輩の言う通りだった。

この部屋に、窓はない。だからまだ昼なのに真っ暗なのだ。

しかし、外から見た時は確かに二階に窓があった。

それは皆、はっきりと確認している。

外からは見えるものが、中から見ると存在しない……。

それはいったい、どういうことなのだろうか？

なおも懐中電灯で二階のスペースを照らしていた先輩が少し震えたような声で囁いた。

「おい、この先に部屋があるみたいだぞ……。窓はこの先の部屋にあるんじゃないのか？」

しかし、すぐには誰も反応できなかった。

もう二階の探索などやめて、さっさと下に戻ろう……。

そんな気持ちをその場にいた全員が共有していたに違いなかった。

しかし、後輩の俺がその場にいたことで、先輩たちはそのまま何も確かめずに下へ降りることが躊躇われたに違いない。ここで引いては、先輩としてのメンツが丸つぶれになるからだ。

「よし、調べてみるか！」

誰かが言ったその言葉に呼応するように、先輩たちは部屋の入り口と思われる扉にゆっくりと近づいていく。

階段を上りきった所から右奥にその扉はあった。

そして、そこに置かれている品々が古く朽ちているのと同じように、その扉も元の色が何色だったか分からないほどに真っ赤に錆びてしまっていた。

つまり——その扉は鉄の扉だった。

扉は床から天井まで高さがあり、手前に引いて開けるタイプのドアに見えた。

先輩たちは代わる代わるドアノブを握り、力任せに回していたがドアノブはまったく回る気配がなかった。

そのうち、あまりにも力任せに回そうとしたせいか、ドアノブがぼろっと根元から取れてしまった。

思わず、その場にいた全員が固まった。

使っていない二階部分だとしても、大家さんの持ち物を壊してしまった。

それはある意味、幽霊よりも怖い現実の過失だ。

先輩たちも明らかに焦りだし、「ヤベぇ……そろそろ戻ろうぜ！」と言うと、そそくさとその場から撤収し、階段を下り始めた。

先頭の二人が階段を下り始めた時、背後から微かな音が響いてきた。


カリカリカリ……カリカリカリ……


音は、先ほどまで必死にこじ開けようとしていたドアの内側からしていた。

ちょうど爪で、鉄の扉を引っ掻いているような……そんな音。

階段を下りていた先輩たちはその場で立ち止まり、まだ二階に残っていた俺ともう二人の先輩もその場で固まっていた。

すると今度は何かが階段を歩いている音が聞こえだした。

咄嗟に階段で立ち止まっている二人のほうを見たが、どうやらその音は別の階段から聞こえてきているようだった。

嫌な予感しかしない。

俺は恐怖のあまりその場にいた先輩たちを押しのけるようにして一階へと下りる階段の

ほうへ進む。

その時だった。

ギッ、ギィィー……という音を立てながら、先ほどまでまったく開こうとしなかった鉄の扉がゆっくりとこちら側へと開いてきた。

そして、次の瞬間。俺たちははっきりと見てしまった。

扉の向こうにはもうひとつ部屋があり、その部屋の床に正座した女がじっとこちらを見ている様を……。

女、と書いたのは髪が長かったからだ。

それ以外に確認できたのはガリガリに痩せ細り、まるで骸骨のような顔をした何かが着物を着た状態で板張りの床の上に座っていた、ということだけ……。

しかし、正座しているにも拘らずその女の座高は俺たちの身長よりも高かった。

その場にいた全員が声も出せないまま我先にと階段へと群がり、転げ落ちるようにして一階へと下りたのは言うまでもない。

下まで戻ってくると、全員一度俺の部屋に入った。

そして、先ほど見たモノは何なのか？

という話でひとしきり論じ合ったが、結局、もしかしたらこの建物の二階には大家さんの親族か関係者が内緒で住んでいるのかもしれないという滅茶苦茶な結論に達し、先輩たちは空元気で無理やり盛り上がったが、それも長くは続かなかった。


ドン！　ドン！　ドン！


突然俺の部屋のドアがあり得ない大きさで叩かれたのを最後に、逃げるようにその場から去っていった。

当然俺もそのままではいられず、それからしばらくは親しくなったばかりの友人の部屋を泊まり歩いて、恐怖から逃れていた。

しかし、寮に残してきた隣人を思うと、このままでいいのかという気持ちもあった。

悩む俺に、同じ自動車部の友人たちが纏まって俺の部屋に泊まりに来てくれることになった。

怖がって部屋に帰れない俺を助けるためという名目だったが、実際にはこれ以上自分たちの部屋を泊まり歩かれても困るという本音があったに違いない。それでもその時の俺にはありがたい申し出だった。


その夜、全員で徹夜でトランプをしていると、突然ドアがノックされた。

「はい、誰ですか？　鍵は開いてますよ」

と返すが、それから何度も部屋のドアがノックされ続けた。

友人のひとりがドアを開け、廊下を見てみるが誰もいない。

仕方なくその友人が自分の場所に戻ろうとした時、音もなく部屋の扉が開いた。

全員がぽかんと口を開け、誰もいない廊下の暗闇を呆然と見つめていた時、開かれた扉の端に何かがひっついているのに気が付いた。

それが人間の、女の顔の端っこだということに気付くのには、それほど時間は掛からなかった。

女の顔は月が満ちていくように少しずつ横に移動していき、最後には顔全体がはっきりと見えるようになった。

なすすべもなく固まっている俺たちをよそに、その女の顔は次の瞬間、フッと扉の横から消えてしまった。

ただ、俺たちはそのまま微動だにできずに、朝が来るまでそのままの状態で過ごした。

翌日から俺はまた友人の部屋を泊まり歩くことになったが、そんな俺に文句を言う者はもう誰もいなかった。

結局、俺はそれからすぐに別の寮へと引越した。

隣室の彼はそのまま住み続けていたが、やはりそれから半年と経たないうちに精神を病んでしまい、大学を中退して岡山の実家に帰ったと聞いた。

それから俺が大学を卒業するまでの間、その棟の一階に入居する者はひとりもいなかった。


この話には少しだけ後日談がある。

大学の近所に実家があった友人が教えてくれたのだが、俺らの世代が卒業した後、その寮の四部屋は立ち入り禁止の場所になったらしい。

それからさらに十年以上経ったのち、ついにその棟の取り壊しがされた。

その際、二階には隠し部屋とさらに天井の低い三階部分があり、そこへ続く階段が発見されたということである。

来る

これはブログの男性読者さんから寄せられた話になる。

彼が結婚してまだアパートに住んでいた頃になるが、ある朝、奥さんから真剣な顔でこう問いかけられた。

「昨夜、寝言でサ○コという名前を何度も呼んでいたけど、それって誰なの？　まさか浮気なんかしてないよね？」と。

どうやら彼は寝ている最中に何度も何度も「サ○コ」という名前を連呼していたのだと説明された。

彼は一瞬、奥さんが何を言っているのかまったく理解できなかったそうだが、その真剣な顔から、きっと奥さんは本気で自分の浮気を疑っているに違いないと感じた。

しかし、彼には浮気をしている事実もなかったし、何より知り合いの中にも「サ○コ」

という名前の女性はひとりもいなかった。

だから自分が浮気などしていないことを力説し、「サ○コ」などという名前の女性など知らない、と説明した。

奥さんはそれでも納得していない顔つきだったが、渋々彼を信用してくれたという。

実際その日以降、彼が寝言で「サ○コ」という女性の名前を呼ぶことはなくなったらしく、しばらくは平穏な夜が続いた。


しかしまた少し時が経って、今度は毎夜何かに怯えたように彼は「助けてくれ！　助けてくれ！」と叫ぶようになった。

その様子を見た奥さんは慌てて彼を起こそうとするのだが、どれだけ揺り動かしても、大きな声で名前を読んでも、彼が目を覚ますことはなかった。

朝になってやっと目が覚めた彼に昨夜はどうしたのかと問うのだが、彼は自分がそんな叫び声をあげていたことを覚えておらず、また怖い夢を見た記憶もないと断言するのだ。

これは絶対におかしい……。

普通の状態ではないと感じた奥さんは、彼が仕事に行っている昼間、お寺に行って事情を説明した。

そのお寺はお世辞にも大きな寺とは言えなかったが、住職の霊力はクチコミで広がるほど有名だったらしく、お金も取らずに奥さんの話を丁寧に聞いてくれた。

そして、一度家に来て霊視をしてくれると約束してくれた。


数日後、家にやってきた住職の驚きようは相当なものだった。

そして神妙な顔でこう説明された。

「ここに住んでいてはいけない。いまならまだ間に合うかもしれないから、すぐにできるだけ遠くに引越しなさい。可能ならば海外に……」と。

詳しく話を聞いてみると、どうやら彼女の夫は幼い頃に妖魔に魅入られてしまっているらしく、その妖魔は人間の女性の姿をしているが、とても強力な霊であり、住職の力をもってしても、到底敵わない。護る方法が見つからない以上、逃げるしか生き残る道はないのだと話してくれたという。

その話を聞いて、はじめは奥さんも半信半疑だった。

この世に本当にそんなモノが存在しているのだろうか、と。

だが、その疑念はすぐに確信に変わった。

その家を出てお寺に帰る道程で、住職が事故死してしまったからである。

それも、普通では考えられないほど無残な事故であり、住職の首から上は完全に潰されていたそうだ。

その事実を知った時点で奥さんは恐怖し、すぐに夫にすべてを話し、一刻も早くこの家から出なくてはいけないと夫に力説した。

しかし、自覚のない夫はまったく彼女の話を信じようとはしなかった。

幼少期にそんな記憶はないと言って頑として譲らず、仕事があるのに簡単に引越しなどできるはずがないだろう！　と逆に窘《たしな》められてしまった。

確かにすぐには引越しが無理なことは奥さんも理解していた。

可能な範疇で、できるだけ早いタイミングでここから引越せればいいと、その程度に考えていたという。

しかし、どうやらそんな猶予は残されていなかったようだ。

それからすぐに、新たな怪異が起こるようになった。

『サ○コです……』

無言電話が頻繁にかかってくるようになり、留守番電話に必ずその声が残されるようになったのだ。

また、皿やコップが勝手に落ちて割れたり、水道の水が勝手に流れ出すという怪異も頻々に起こり始める。

夫婦二人がリビングにいる時に、隣の和室の襖がパタンバタンと大きな音を立てながら開閉を繰り返すことも……。

そうなるとさすがの夫も奥さんの言葉を信じるしかなかったが、やはり生活を守るためにも仕事を辞めて遠くに引越すことは考えられなかった。

奥さんは悩んだ末に、九州の実家を頼ることを決めた。

家を捨てたも同然で実家を飛び出し、絶縁状態になっている実家を頼ることは本当ならば死ぬまで避けたかったことだが、どうしても実家を頼らざるをえない理由があった。

それは奥さんの曾祖母にあたる女性がとても強力な霊能者であり、ずっと親戚や近所の人たちを怪異から護ってきたことを知っていたからである。

奥さんが実家に電話をかけると、両親からはけんもほろろにあしらわれたが、どうやら曾祖母には何も言わないうちから奥さんの置かれている現状が視えていたらしい。

どうしてもっと早く連絡してこなかったんだいと、別の意味で叱られたという。

そして彼ら夫婦は曾祖母に指示された通りに奥さんの実家に行き、三日間に及ぶお祓いを受けた。

そして帰り際には沢山の護符を手渡され、細かい指示も受けることができた。

実家から戻った彼らはすぐに指示された通りに家中に護符を貼った。

窓という窓、そしてドアというドアに目隠しをするように。

そして曾祖母から伝えらえた生活の指示は必ず守るよう努めた。

・必ず陽が沈む前には家に戻ること。
・家に入る時には玄関ではなく勝手口から入ること。
・家での食事には肉や魚などを食べてはいけない。
・家の二階は完全に塞ぎ、絶対に立ち入らないこと。

・風呂には入らず、冬でもシャワーで済ませること。
・固定電話は解約し、携帯電話も陽が沈むと同時に電源を落とすこと。

これらはその一部で、他にも本当に細かい指示が出されていたが、何とか彼ら夫婦はそれを厳守しながら生活を続けることができた。

時折二階を歩く足音が聞こえたり、窓をコツコツと叩く音が聞こえたりすることもあったが、そんな時でも指示通りに完全に無視するようにことでやり過ごした。

確かに守られなければいけないことは多く、その内容も過酷だ。

だが、曾祖母の教えを守ってさえいれば無事に生活を続けていけることを確信した彼ら夫婦は、曾祖母の力の偉大さを知るとともに、心から曾祖母に感謝した。

そして、より一層厳格に指示を守るよう努めてつつましい生活を心がけた。


しかし、それから十年以上経ったある日を境にして、彼ら夫婦は再び絶望の淵に突き落とされた。

あの曾祖母が、亡くなったのだ。

確かに九十歳を超える高齢ではあったが、その死因は不可解なものだった。

いつもは誰よりも早く起きてくる曾祖母がなかなか起きてこないため、心配した家族が起こしに行くと、曾祖母は何かに圧し潰されるようにして絶命していた。

それはまるで、悲惨な事故の遺体のようだったという。

そして、曾祖母は亡くなったその夜に奥さんの枕元に立ってこう告げた。

「もう誰にも護れない……早く逃げなさい……すぐにアレがやってくる……」

彼ら夫婦はすぐに新居を探しをしたらしいが、なかなか良い物件に巡り合えず焦りばかりが募った。

ある夜、奥さんは寝室のベッドで苦しそうに叫ぶ夫の隣に立つ女の姿を見たそうだ。

長い髪の間から覗くとてつもなく大きな瞳で夫を見下ろすその女は、その異様な体の細さと相まって、とても人間には見えなかったという。

奥さんは恐怖にその場で凍り付き、金縛り状態のまま朝を迎えたという。

そうして何とか新しい住まいを決め、慌ただしく引越しをした彼ら夫婦だったが、引越しの翌日、奥さんが亡くなった。

布団の中でカッと目を見開いたまま、亡くなっていたそうだ。

そしていま、彼はひとりきりでその新居で暮らしている。

警備会社と契約し、家中に監視カメラを設置し何かあった時にはすぐに助けに来てもらう契約になっているそうだが、彼にとっては気休めにすらなっていないそうだ。


家の中から異音が聞こえ続けているんです。

きっとアレはもうこの家を見つけてしまい、家の中まで入ってきているんでしょうね。

もうじき私もアレの姿を見なくちゃいけないんでしょう。

とり殺されるのか、それともどこかへ連れて行かれるのか……。

幼少の頃に一度会ってるはずだと亡くなった妻には聞かされていたんですが、やっぱり何も思い出せないんですよね……。

もういっそのこと、そうなる前に自分で命を絶ってしまおうかなって最近は思ってしまうんです……。

彼は最後にそう言って目を閉じた。

あとがき

怪談の内容には似かよっているものが多いのだと感じる。

世の中に起こる怪異のパターンなど、ある程度出尽くしているだろうし、もしかしたら俺が情報提供者からお聞きした話も元ネタは同じかもしれない。

だから俺はこれまで、できるだけ他の方が書かれた怪談本を読まないようにしてきた。

自分が見聞きした話と似たような話が掲載されていた場合、俺自身がその話を書くのを躊躇ってしまうのではないかという理由がひとつ。

そしてもうひとつは、怪異の解釈のうえで少なからず影響を受けないようにという理由からだ。

似かよった内容の怪異が存在する以上、既に誰かが書かれた話をまた俺が書くようで、読者に失礼なのではないかという思いもある。

しかし、最近自分なりに気付いたことがある。

それは怪異の内容が似ていたとしても、そこから派生する恐怖は怪異の捉え方ひとつで大きく変わってくるということだ。

だから、俺は見聞きした怪異を自分なりの方法で解釈し、理解したうえで書けばいいのだと思う。

本著で「闇塗怪談」も八冊目になる。

よくもそれほど続けられたものだと驚くとともに、いつもご自身が体験した怪異を惜しげもなく聞かせてくださる提供者の方々に、感謝の想いでいっぱいになる。

世の中がコロナ禍で停滞していても、怪異はいつどこにでも発生しているようだ。

そして今回も珠玉の恐怖が俺の元へと集まってくれた。

いつものようにその話を書いている間、ずっと不可思議な現象に悩まされたり、体調の悪化に見舞われたり、そして実際に怪異にまで遭遇させられたりと曰くつきの話が多かったようにも思える。

ただ、恐怖を感じるツボというのは人それぞれであり、俺が最も恐ろしいと感じた話が読者すべての方に当てはまるとは思っていない。

日常の些細な怪異に恐怖を感じる方もいれば、孤独や人怖、そして「死」に強い恐怖を感じる方もいるだろう。

だから今回はできるだけ多種多様な怪異譚を集めさせていただいた。

最後までじっくりと怪異を堪能してほしい。

そして、すべて読み終えた時にどれか一話だけでもひとりでトイレや風呂に行けなくなるような恐怖をあなたの心に刻み込めたなら最高である。

それこそまさに『祓えない恐怖』に他ならないのだから。

営業のK

二〇二一年十二月

友人へ

彼女と初めて個人的にやり取りをしたのは、俺がまだ会社のブログに怖い話を書いていた頃に遡《さかのぼ》る。

誰とでも仲良く接するのに、時折どこか投げやりなコメントをする彼女。

俺はそんな彼女に言葉にならない違和感を覚えていた。

ある時、彼女から非公開でコメントが届いた。

それまでのコメントとはまったく違う、悲壮感さえ漂わせる文章の最後に、

「是非、相談に乗ってくれませんか？」

そう書かれていた。

その内容に何か嫌な予感を覚えながらも、その夜、仕事から帰宅した俺は、初めて彼女にメールを書き送った。

〈ご相談というのはどんなことでしょうか？　お力になれるかは分かりませんが……〉


そんな内容だったと思う。

しかし、それからしばらく彼女からの返信はなかった。

(悩み事は片付いちゃったのかな……？)

俺はそう思って特に気にしないことにした。

そして俺自身、そんなやり取りなど忘れかけていた頃、突然彼女から返信が届いた。

そのメールには彼女に関するすべてのことが書かれていた。

生まれてから現在に至るまでの出来事と、いま彼女が置かれている状況をしたためた、とても長いメールだった。

(もしかして、こんなに長い文章を書くためにこれだけ返信が遅くなったってことなんだろうか……？)

そう思うと少し気が重くなったし、何より目の前に連なった途方もなく長い文章に戸惑いを感じていた。

しかし、いざその長いメールを読み始めると、すぐにその内容に引き込まれた。

メールを読み進めるうち、俺はその文章に釘付けになり、一言一句取りこぼさず正確に内容を把握しようと努めていた。

読み終わった時、俺は彼女のことをこう思った。

とても素敵な文章を書く女性。

そして……少なくとも俺が知る中で、最も不幸な人生を歩いているひとりだ、と。


彼女は生まれてからずっと家庭内で父親からの虐待に遭い、大怪我で入院することも珍しくなかったという。

彼女が受けた虐待はそれだけではなく、それが原因で精神も病んでしまった彼女は現在入院しており、そこで心だけでなく体も病魔におかされていることを知らされた。

癌だった。既に全身に転移しており、手術をできるような状態ではなかったそうだ。

メールでは抗がん剤治療の苦しさについても詳しく書かれていた。

それでも、彼女の書く文章からは、絶望感や悲壮感は微塵も感じられなかった。

彼女はそれまでずっと友達というものがいなかったのだという。

父親の暴力に怯え、母親や姉までもが彼女と距離を取るようになってからは何をするにもひとりきりだった。

過去の辛い記憶と精神疾患の辛さ、そして抗がん剤の辛さ。

それだけでも想像を絶する苦しみだが、彼女にとって何よりも恐ろしく耐えがたいのは孤独なのだと書いてあった。

そして、私が書いているブログのコメント欄で知り合った仲間たちが、彼女にとって人生で初めての友達なのだ、と。

彼女は、私の書く怖い話が何よりも大好きだと、そう言ってくれた。

彼女のすべてが綴られたメールを読み終えた俺は、すぐにまた彼女へと返信を送った。

ブログのコメント欄の仲間と同じように俺も友達に加えてください、と。

自分でも彼女に対して何ができるのか、まったく分からなかった。

それでも何らかの形で彼女と繋がっていたかった。彼女が恐れる孤独というものを、少しでも遠ざけてあげたかった。

俺や俺のブログが少しでも彼女の癒しや楽しみになってくれれば、これほど嬉しいことはない……そんな気持ちだった。

そうして、俺と彼女のメールのやり取りが始まった。

彼女からのメールが届くと、俺はすぐに返信した。

しかし、彼女からの返信は数週間どころか、月単位で遅れることもざらだった。

勿論、彼女からの返信が遅い時には心配が募る。

病状が思わしくなく、返事を書くことすらままならないのだと容易に想像できてしまうから。

しかし、ようやく届いた彼女からの返信には、想像したような苦しい治療の話は微塵も書かれてはいなかった。最初の長い長いメール以来、彼女がそうした苦しみを吐露するようなメールは書いてくることはほとんどなかった。

彼女はいつも、夢を書く。

自分には夢があるのだと、いつもそう書いてきてくれた。

その夢というのは、いつか病気を完治させ、今度は自分が看護師になって辛い患者さんに寄り添いたいというものだった。

そのために、病院のベッドの上でずっと勉強を続けているのだと……。

だから俺はいつも、「頑張って！」と応援した。

病人に「頑張れ！」と言ってはいけないと多くの人は言うだろう。だが、俺はとにかく彼女にはなりふり構わず生き続けて、ひとつでも多くの楽しみと生き甲斐を見つけてほしいと願っていた。

だから、彼女には自分の本名も明かしたし、その他にも何ひとつ隠し事をしないようにした。

それが俺が彼女に示せる精一杯の誠意だと思ったからだ。


そのうち、彼女から嬉しい内容のメールが来るようになった。
・ずっと疎遠になっていた両親が、毎日、病院へ来てくれていること。
・虐待の加害者だった父親から、正式に謝罪の言葉を聞けたということ。
・そのお陰で母親や姉とも普通の関係に戻れたということ。
・病気のほうも急速に回復に向かっていること。
そんな内容が書かれていた。

俺はそれを読んだ時、我がことのようにその日一日がとてもハッピーだったのを覚えている。

しかし、冷静に考えてみると、全身に転移した癌がそう簡単に良くなるのだろうかという一抹の不安と疑念は胸に残った。

それからである。

彼女は、自分のしてみたいことや夢について、貪欲なまでにメールに綴ってくるようになった。

〈結婚もしてみたいし、赤ちゃんも生んでみたい〉

〈海外旅行にも行ってみたい〉

〈素敵なクリスマスを過ごしてみたい〉

〈歌を作ってみたい〉

そんな感じで、小さなことから大きなことまで、彼女の前向きで素直な気持ちがメールの文章いっぱいに綴られていた。

そこで俺は、彼女にクリスマスプレゼントを送らせてほしいと書き送った。

しかし、彼女からの返事は「ＮＯ」だった。

もし、入院している病院名だけでも教えてくれていれば、俺も勝手にプレゼントを贈ってしまうこともできたのだろうが、生憎それも俺は知らなかった。

彼女はできるだけ俺に迷惑をかけたくないという気持ちがあり、結局、最後まで教えてもらうことは叶わなかった。

しかし、彼女の夢のひとつである「歌を作ってみたい」ということに関しては、快く快諾してくれた。

彼女が詩を書き、俺がその詩に曲を付けたのだ。

デモテープをメールに添付して送った時、彼女はこれまでで一番というくらい、幸福と歓喜に満ちたメールでお礼と感想を伝えてくれた。

そして、彼女と作ったその曲は、俺のライブでは常に最後に歌う曲として定着していった。

その話をすると、彼女もとても喜んでくれて、「元気になったら絶対にライブに招待してくださいね」とまたひとつ夢を書いてきた。

俺も本当に嬉しくて、「その時は、最前列の正面の席を用意しますからね」と返したのを覚えている。

しかし、そんな明るいやり取りができたのも、その頃までだった。

次第に彼女のメールが返ってくるのが異様に遅くなった。

場合によっては、彼女を担当している看護師さんがメールを代筆して送ってくれることもあった。

〈いま○○さんは、かなり辛そうなので、返信はもう少し待ってくださいね〉

だから、俺もこう返した。

〈返信は元気になってからで大丈夫ですから。いまはしっかりと治療に専念してくださいね〉

それでも、彼女からは忘れた頃にメールが送られてきた。

元気そうな内容なのだが、それは本当に短いメールで……。

それを見るたびに、本当に辛いんだな……と、彼女を心配することしかできなかった。

それからもメールはぽつぽつと送られてきた。

俺は彼女の負担を考え、自分からは頻繁にメールをしないように控えていたのだが、逆に俺を心配した彼女がメールを送ってきてくれていることに気付き、俺は気の利いた言葉さえうまく思い浮かばなかった。


メールは送られてくるたびに、どんどんと短くなっていく。

それだけ彼女の病状が辛く、過酷な状態なのだと容易に想像ができた。

とうとう最後にメールを送ってから彼女からのメールが送られてくるまで、一年以上が経過していた。

突然、送られてきたメールに俺は驚き、食い入るように内容に目を通した。

そこには、以前のように長い文章が綴られていた。


病気はすべて良くなったこと。

精神疾患も完治したこと。

これからは元気に社会復帰して働くこと。

そして。

これからは自立のため、人生に区切りを付けるためにも、もうメールは終わりにしたいということ……。

そんなことが書かれていた。

最後に、いままで本当にありがとうの一言と、彼女の名前が添えられていた。

俺は頭の中が真っ白になった。

ああ、彼女は死んでしまったのだと悟ったから。

確かに文面は似せているが、やはりその文章は彼女のものではなかった。

きっと、亡くなる直前に彼女がそういうメールを俺に送るようにと、両親に頼んだのだろう……。


俺はそれからバンドも解散した。

以前から各々が忙しくなったこともあり、解散は既定路線だったのだが、メンバーにも彼女のことはそれとなく話しており、いつか彼女を招待するまではと、これまで解散を先延ばしにしていたのだ。

だが、もうその必要もなくなってしまった。

一時期、俺は彼女の死のショックから怖い話を書けなくなっていた。

しかし、俺の怖い話が好きだと言ってくれた彼女のためにも、もう一度怖い話を書いてみることに決め、現在に至っている。

俺にとっては本当に辛い記憶でしかないこの話を、どうして最後に書き綴ろうと思ったのか？　それも実話怪談の本に。

それは、最近、嬉しいことがあったからなのだ。

それをここで詳しく書くことはしない。

ただ、最近はまたメールのやり取りが楽しくて仕方ない、とだけ記しておく。

『闇塗怪談 祓エナイ恐怖』購入者特典

ここまでお読みくださりありがとうございます。

本書ご購入の皆様にあと二話、著者書き下ろしの文庫未収録怪談を朗読にてお届けいたします。

読み手は、YouTube 再生回数一億回突破の人気怪談朗読家 136（イサム）氏。営業の K × 136（イサム）最恐のコラボによる耳怖を限定公開番組でぜひお楽しみください。

購入者特典・限定公開番組はこちら

◆営業の K ブログ「およそ石川県の怖くない話！」

http://isikawakenkaidan.blog.fc2.com/

◆ 136 の怪談朗読チャンネル「怖い話 怪談 朗読」

https://www.youtube.com/channel/UCTFopUbU1l2NFKguwb7NU6w/featured

※ QR コードが読み込めない、動画が再生されない等不具合は、info@takeshobo.co.jp へお問い合わせください。

闇塗怪談 祓エナイ恐怖

2022年1月3日　初版第一刷発行

著者……………………………………………………………………営業のK
カバーデザイン……………………………………………橋元浩明（sowhat.Inc）

発行人…………………………………………………………………後藤明信
発行所……………………………………………………………株式会社　竹書房
〒102-0075　東京都千代田区三番町8-1　三番町東急ビル6F
email: info@takeshobo.co.jp
http://www.takeshobo.co.jp
印刷・製本……………………………………………………中央精版印刷株式会社